MÉLANGES

DE

LINGUISTIQUE INDO-EUROPÉENNE

PAR

PAUL REGNAUD

CHARGÉ DE COURS À LA FACULTÉ DES LETTRES DE LYON

Observations phonétiques sur une famille de mots indo-européens.
D'où viennent nos mots *île* et *clou* ?
L'hypothèse de la liquide sonnante et la série *gauri, çauri, gravis, kaurs.*
Étude sur l'ancienne forme
des verbes grecs primitifs dont la racine est terminée par une voyelle.
Remarques sur les substantifs grecs en -σο.
Sur le mode d'affaiblissement des racines en *ar, al, an.*
Notes diverses.

PARIS

VIEWEG, LIBRAIRE-ÉDITEUR

67, RUE RICHELIEU, 67

1885

MÉLANGES

DE

LINGUISTIQUE INDO-EUROPÉENNE

OPUSCULES ET ARTICLES DU MÊME AUTEUR

CONSACRÉS A DES QUESTIONS DE LINGUISTIQUE

NOUVEAUX APERÇUS SUR LE VOCALISME INDO-EUROPÉEN, précédés d'une analyse critique des systèmes actuellement en vigueur. — Paris, 1883, Vieweg, éditeur; brochure in-8o, 1 fr. 50.

EXAMEN DU MOUVEMENT VOCALIQUE dans la déclinaison des thèmes indo-européens en *u, i. r*, et questions connexes. — Paris, 1883, Vieweg, éditeur; brochure in-8o, 1 fr. 50.

Note sur l'etymologie de σίδηρος. — *Raksas, graha, ráhu, rkša, δράκων, orcus, drache, ogre* — Faits qui tendent à infirmer l'hypothese de l'allongement compensateur aux finales du nominatif masc. sing. des thèmes consonantiques. — Dans l'*Annuaire de la Faculté des lettres de Lyon*, 1883, fasc. II.

L'origine du mot *arbiter*. — Dans la *Revue Lyonnaise*, 1883, t. VI, p. 124.

Remarques sur l'étymologie et le sens primitif du mot θεός. — Dans l'*Annuaire de la Faculté des lettres de Lyon*, 1883, fasc. III.

LES FACTEURS DES FORMES DU LANGAGE DANS LES LANGUES INDO-EUROPÉENNES. — Esquisse d'une methode pour l'etude de la grammaire historique. — Paris, 1884. Vieweg, éditeur; brochure in-8o, 1 fr. 50.

L'évolution de l'idée de *briller* en sanskrit, en grec et en latin. — Dans la *Revue philosophique*, numéro de fevrier 1884.

L'ORIGINE DE LA SIFFLANTE PALATALE EN SANSKRIT. — Paris, 1884, Vieweg, éditeur [1]; brochure in-8o, 1 fr. 50.

Sur le vocalisme des verbes grecs à liquides. — Sur la forme primitive du suffixe du participe present actif et des suffixes de même famille en sanskrit, en grec et en latin. — θεός, *tueor*. — Dans l'*Annuaire de la Faculté des lettres de Lyon*, 1884, fasc. II.

Note sur la formation des parfaits simples sans redoublement du latin. — Le suffixe du datif pluriel en grec. — Étude sur le changement proethnique de *t* ou *th* en *d* ou *dh*, précédée de remarques sur les objections generales que cette proposition peut soulever. — Remarques étymologiques sur quelques couples de mots qui, bien qu'issus d'une même racine, ont revêtu chacun un sens opposé. — Dans le t. VII des *Annales du Musée Guimet*.

Sur la veritable forme de la racine sanskrite *prcch, pracch*. — Dans la *Revue de Linguistique*, numéro du 15 juillet 1884.

Exposé de quelques principes de linguistique indo-europeenne en rapport avec la méthode applicable à cette science. — Dans la *Revue de Linguistique*, numéro du 15 octobre 1884.

Note sur le développement morphologique et idéologique du langage. — *Brahman* φράδμων, *flamen. — Atman. — Elementa.* — Dans l'*Annuaire de la Faculté des lettres de Lyon*, 1884, fasc. III.

L'idée de temps. — Origine des principales expressions qui s'y rapportent dans les langues indo-européennes. — Dans la *Revue philosophique*, numéro de fevrier 1885.

[1] Ce travail est la refonte d'un article publié dans la *Revue de Linguistique* (n° du 15 octobre 1883), sous ce titre: *Les antécédents et les équivalents phonétiques de la sifflante palatale en sanskrit.*

LYON. — IMPRIMERIE PITRAT AINÉ, RUE GENTIL 4

MÉLANGES

DE

LINGUISTIQUE INDO-EUROPÉENNE

PAR

PAUL REGNAUD

CHARGÉ DE COURS A LA FACULTÉ DES LETTRES
DE LYON

Observations phonétiques sur une famille de mots indo-européens.
D'où viennent nos mots *clé* et *clou* ?
L'hypothèse de la liquide sonnante et la serie *gurú*, βαρύς, *gravis*, *kaurs*.
Étude sur l'ancienne forme
des verbes grecs primitifs dont la racine est terminée par une voyelle.
Remarques sur les substantifs grecs en αρ.
Sur le mode d'affaiblissement des racines en *au-u, ai-i*.
Notes diverses.

PARIS

VIEWEG, LIBRAIRE-ÉDITEUR

67, RUE RICHELIEU, 67

1885

OBSERVATIONS PHONÉTIQUES

SUR

UNE FAMILLE DE MOTS INDO-EUROPÉENS

Une des familles de mots les plus intéressantes à étudier dans les langues indo-européennes, au point de vue des transformations phonétiques qu'elle présente, est celle qui se range autour des racines sanskrites *gâh* et *guh*, plonger, s'enfoncer, cacher, etc.

Si nous en examinons d'abord le consonnantisme final nous remarquerons que les dérivés offrent l'alternance des aspirées sonores (en sk.)[1] des trois ordres. Exemples:

Gutturales

Gâh-ate, il s'enfonce, pour **gâgh-ate*, comme toujours[2].

Gah-ana, profond ; profondeur, lieu caché ou impénétrable.

Gah-vara, même sens, comme adjectif et substantif.

Guh-â, creux; cachette.

Goh-a, lieu caché.

Gûh-ati, il cache.

Dentales

Gadh-a, fente.

Gâdh-a, gué, primitivement profondeur, trou recouvert d'eau, ce qui a un fond[3].

---

[1] Sourdes, en grec.

[2] Le participe passe *gâdha* en fournit la preuve absolue.

[3] Cf. *agâdha*, sans fond, insondable avec ἄβυσσος, même sens. Ce rapport ne laisse aucun doute sur la parenté etymologique de *gâdha* avec βυσσός et tous les autres membres de la famille.

Gudh-yati, il cache.

Budh-nas, fond, profondeur, cachette.

Labiales

Gabh-a, fente.

Gabh-îra et *gambh-îra*, profond.

Peut-être la rac. *gup*, primitivement cacher (cf. *custodire*).

GREC ET LATIN

βυσσός = ˙βυχσός [1], profondeur.

βαθύς, profond!

βάθος, βένθος, βυθός, profondeur.

βόθρος, fosse, creux, trou.

Πυθμήν, fond.

Κεύθω, cacher.

Κευθμών, (cf. pour le suffixe, πυθμήν), cachette.

Κυσθός, (κυσσός, cf. βυσσός), vulva, cf., surtout pour le sens, *gabha* et *gadha*.

Κύτος, cavité, creux.

Vadum, gué (pour *gvadum*)

Fundus, fond.

Fodio; creuser.

Custos, celui qui a caché, qui garde, etc.

βάπτω, plonger, enfoncer, s'enfoncer; βαφή, immersion; βάμμα, fait de plonger, tremper; teinture; βαφεύς. teinturier.

Le rapport de la consonne finale de la racine de ces différents mots, dont la parenté étymologique est indéniable, montre :

1° Que le phénomène phonétique qui fait qu'en latin les aspirées des trois ordres peuvent aboutir à la labiale *f*, est le résultat d'un processus déjà proethnique moyennant lequel *bh* (ou *ph*) peut correspondre à *gh* (ou *kh*), ainsi qu'à *dh* (ou *th*).

2° Que les formes qui possèdent la forte, au lieu de la douce,

---

[1] Le rapport de βυσσός et de χυσσός avec βυθός et χυσθός est le même que celui de μέσσος avec le sk. *madhya*.

ont conservé à cet égard leur état primitif, attendu qu'il est impossible d'appliquer à κύτος, à βάπτω, à *custos*, etc., l'explication qu'on a proposée pour le θ de βαθύς, etc.

3° Que la finale en question était précédée à l'origine d'une nasale et d'une sifflante; autrement, l'explication de *gambhîra*, *fundus*, etc., d'une part, et celle de βυσσός, κυσσός, κυσθός. *custos*, de l'autre, devient un problème insoluble. Il est permis de croire même que βάπτω a gardé la trace de la sifflante et que cette forme est pour *βαπσω (avec métathèse) comme πτύω est pour *πσυω, *σπυω (lat. *spuo*, etc. [1]):

Si nous passons à l'examen du vocalisme nous remarquerons :
1° Que l'*o, û, u* sk. de *goha, gûhati, guha*, rac. *gudh* et *gup*, *budhnas*, etc., peut et doit correspondre à ευ, ο, υ, ο, *u*, de κεύθω, κύτος, βόθρος, βυθός, πυθμήν, *fodio, fundus, custos*, etc.

2° Que *â, a* des rac. *gâh* et *gah, gâdh* et *gadh, gabh* et *gambh* peut et doit correspondre à α, a de βάθος, βαθύς, βάπτω, *vadum*, etc.

3° Que l'ε de βένθος doit être affaibli de α, absolument comme dans ἐγγύς, auprès de ἆσσον, ἄγχι, dans *tentus* auprès de τατός, etc.; c'est-à-dire que la conservation de la nasale a généralement entraîné cet affaiblissement en grec et en latin.

4° Qu'on peut penser qu'entre les racines vocalisées en *o* et en *â* (qui peut s'affaiblir en *a*) le rapport est le même qu'entre le sk. *gâus* et *gâm*, pour *gavam*; autrement dit, que *gôh* et *gâh* dérivent d'un antécédent commun, *gavah*. Le latin *vadum* pour *gvadum* ou *gavadum* vient à l'appui de cette hypothèse.

En ce qui concerne les consonnes initiales, une première question se pose : le π de πυθμήν est-il le représentant du β de βαθύς, βύθος, etc.? Le rapport de ce mot avec le sk. *budhnas* [2] permet, à ce qu'il semble, de trancher la question par l'affirmative. Nous avons dans βυθός, *budhnas*, etc., un affaiblissement de la forte en douce que nous constatons dans l'initiale de la rac. *guh*, auprès de celle de κεύθω et de *custos*, et qui ne saurait nous surprendre. Mais, objectera-t-on, πυθμήν est pour *φυθμην ou *φυτμην, comme l'in-

---

[1] La sifflante a dû choir plus tardivement en grec qu'en sk. et qu'en latin ; de là la conservation des fortes.

[2] Cf. aussi l'ancien haut allemand *bodam*, fonds, sol.

dique le lat., *fundus*? Ce rapprochement ne prouve qu'une chose, c'est que toutes les racines de la famille que nous examinons, non seulement finissaient, mais commençaient aussi par une aspirée, que nous avons encore dans χαίνω, χάσκω (cf. βυσσός pour *βυχσος = *βυσχος, et le rapport de *gâh* avec *gâdh*) être ouvert, présenter un trou, bâiller, χανδόν en bâillant, etc.

En second lieu, comment expliquer le rapport du β de β Ούς, βύθος, avec le χ de χεύθω et le *g* des rac. *gâh, guh, gâdh*, etc.

L'hypothèse souvent proposée que βύθος, par exemple, est pour *γϝυθος ou *χϝυθος, non seulement serait en contradiction avec ce qui a été dit ci-dessus relativement au vocalisme des racines examinées [1] et aux antécédents du lat. *vadum*, mais impliquerait un changement de ϝ en β diamétralement opposé au processus général de l'évolution des consonnes [2].

J'en conclus qu'il faut voir dans le changement en question un effet d'ordre purement physiologique, dont l'origine remonte à une période où les organes de la voix n'avaient ni les nuances phonétiques, ni la longue éducation qu'ils ont acquises depuis. Les variantes qui constituent maintenant les différents ordres de consonnes sont précisément le résultat des efforts que ces organes ont dû faire pour obtenir la possession de leur étendue et leur souplesse actuelles ; et la discipline traditionnelle que leur a imposée l'usage d'abord, et plus tard, l'observation des règles grammaticales, a maintenu les sons acquis, tout en les fixant dans leur domaine réciproque. En un mot, l'évolution qu'on ne saurait nier et à laquelle est due la différenciation de la finale des racines *gâh* *(gâgh) gadh, gabh*, a pu se produire tout aussi bien sur l'initiale, d'où les variantes que nous présentent à cet égard les mots χεύθω, *gudhyáti, gadha*, βχθύς, πυθμήν, *fundus*, etc.

---

[1] Le fait serait possible pour βαθύς venant de *χϝαθυς, χαϝαθυς, mais inexplicable pour β'θος qui suppose déjà un antécédent *βαϝαθος.

[2] On objecte le latin *bellum*, auprès de *duellum;* mais, autant que je sache, les exemples sûrs en grec d'un pareil changement font absolument défaut. Du reste, s'il y avait là une loi, pourquoi *vadum* et non *badum, venio* et non *benio*, etc.?

(Extrait de la Revue lyonnaise).

CLÉ ET CLOU

Les mots français *clé* et *clou* sont de ceux qui offrent un des plus curieux exemples des spécifications et des rétrécissements que les vocables ont subis, tant au point de vue du sens que de la forme, depuis les époques les plus lointaines auxquelles les documents littéraires nous permettent de remonter.

Le sanskrit possède une racine *criś* ou *çliś*, dont la forme primitive était *skrisk* ou *sklisk*[1], et le sens, serrer, s'attacher à, embrasser, entourer, enfermer. A cette racine se rattachent comme variantes, *kruñc*, envelopper, s'enrouler, entourer, pour *skrunsk*, et, avec la chute de la liquide, ou de la liquide et de la nasale, *kuñc* ou *kuc*, qui ont le même sens. Ces différentes racines, surtout les dernières, ont donné naissance à une infinité de dérivés désignant soit des objets de forme circulaire, soit une clôture, une fermeture, etc.

L'allemand, parmi les dialectes d'origine indo-européenne, est celui qui est resté voisin du sanskrit dans les mots conservés par lui apparentés à cette même famille. Le verbe *schliessen*[2], enclore,

---

[1] Voir sur ce point ma brochure sur *Les origines de la sifflante palatale en sanskrit*, Paris, 1884. Vieweg, éditeur.

[2] Une ancienne variante de *schliessen* (anc. haut all., *sliuzu*) est représentée par *schlingen*, rouler, enlacer, ceindre, etc. Cette variante est particulièrement intéressante en ce qu'elle a gardé la nasale que nous avons dans *kruñc*, *kuñc*, etc., ainsi que dans le sk. *çreṇi* série circulaire, enchaînement, pour *çrensi*.

fermer et le substantif *schlüssel*, clé, reproduisent assez fidèlement la physionomie de *çliš*, en tenant compte de l'ancien vocalisme en *u* attesté par les variantes sanskrites *kruñc*, *kuc*.

Le grec κληΐζω ou κλῄζω [1] (même sens que *schliessen*) est pour σκληιξω (par dentalisme du ξ attesté par κλάξ, forme dorienne correspondant à κληίς ou κλείς, pour *κλειξ ou *κλειζ, clé) et chute de l'initiale.

Le latin a, comme le sanskrit, plusieurs verbes apparentés qui appartiennent à cette même famille. Citons d'abord *clingo* [2], enclore, et *cingo*, entourer, pour *sclinzgo* et *scinzgo*; ce dernier est surtout à rapprocher du sk. *kuñc*, *kuc*, en tenant compte de la variante vocalique présentée par *çliš*.

Nous trouvons encore dans la même langue (et cette fois avec la variante vocalique de *kruñc*, *kuñc*, *kuc*), *claudo* ou *clûdo*, enfermer, pour *sclauzdo*, *sclûzdo*, avec dentalisme, comme en grec, et vestiges de l'ancienne forme dans le parfait *clausi* et le part. passé *clausus*.

Auprès de *claudo* se rangent, à titre de dérivés, *clâvis*, clé, et *clâvus* [3], clou, dont le sens primitif a été évidemment celui de barrière, fermeture, empêchement, obstacle.

Il ne nous reste qu'à dire un mot du passage de *clâvis* en *cléf* ou *clé*, et de *clâvus* en *clou*. De part et d'autre, il y a eu perte régulière des finales non accentuées; d'où, dans le premier cas, changement ordinaire du *v* devenu final en *f* [4], et de *â* qui précède en *e* et, dans le second, contraction de *âv* en *o* affaibli ensuite en *ou* [5].

(Extrait de la Revue lyonnaise)

---

[1] κληίω ou κλείω appartiennent à la même famille et sont certainement issus de *κληίσω. — Pour Curtius, *Grund. d. gr. Et.*, p. 150, qui considère la consonne finale de ces racines comme un élargissement postérieur, la forme primitive en aurait été *sklu*. C'est en tout cas la confirmation éclatante sur ce point particulier de ma théorie sur l'origine du ç sk. issu de *sk*, *ks*, *cs*.

[2] Cf. l'anglais *cling*, *clung*, s'attacher à (l'une des nuances significatives du sk. *çliš*), avec le double vocalisme *i*, au present, *u*, au passé. — *Shut*, fermer, a perdu la liquide, comme le sk. *kuñc*, *kuc*; quant à *hey*, clé venant de l'anglo-saxon *caeg*, il est à rapprocher plus particulierement du lat. *cingo*.

[3] L'analogie du gr, κληίς, (cf. κλαίς) κληίδος indique que *clâvis* est pour *clăuidz ou *clăuix; l'ancienne forme de *clâvus* est plus difficile à restituer.

[4] La consonne finale de *clef* étant devenue muette, l'orthographe s'est accordee avec la prononciation dans la forme moderne *clé*.

[5] Peut être sous l'influence de l'*u* suivant, avant sa chute.

L'HYPOTHÈSE

DE LA LIQUIDE SONNANTE

ET LA SÉRIE *gurú*, βαρύς, *gravis*, *kaurs*

Parmi les nombreuses objections auxquelles donne lieu la théorie
des nasales et des liquides sonnantes, une des plus fortes est celle
qui résulte de l'examen de la série suivante d'adjectifs : sk. *gurú*,
gr. βαρύς, lat. *gravis*, goth. *kaurs*.

D'après M. G. Meyer [1], la forme primitive est *grú* d'où, par
svarabhakti, l'α du gr. βαρύς. Remarquons d'abord que le phénomène
désigné sous le nom de *svarabhakti* ne diffère pas, dans le cas par
ticulier, de celui qui accompagne, dit-on, en grec, le développement
de la prétendue liquide sonnante. On a, en effet, dans βαρύς, d'une
manière tout à fait conforme à la formule, αρ comme substitut d'un

---

[1] *Griechische Grammatik*, § 92.

r primitif, tenant lieu de *r* devant une voyelle[1]. Ce qui achève de déterminer la nature du fait d'une manière absolue, c'est la parfaite analogie de l'α de βαρύς avec celui de βραδύς, βραχύς, θρασύς, κρατύς, ταρφύς, et πλατύς. Le changement de désignation n'a donc d'autre raison d'être que l'impossibilité d'expliquer, au point de vue de la doctrine, comment *grú* a pu donner βαρύς, quand au sk., *çrutá*, par ex., correspond κλυτός. Ce n'est ni plus ni moins qu'une échappatoire qui, à elle seule, est de nature à ouvrir tout au large la porte au scepticisme.

L'*a* de *gravis*, dont on ne nous dit rien, aurait évidemment la même origine.

Pour nous, qui nous plaçons à un autre point de vue que M. Meyer, nous lui trouvons, grâce à la métathèse de la liquide qui l'accompagne, une importance toute particulière, et nous nous demandons si, en le considérant comme primitif, cette métathèse n'a pas contribué à sa conservation, et si le cas n'est pas le même pour l'α de βραδύς, βραχύς, θρασύς, κρατύς, πλατύς [2]?

Quoi qu'il en soit, il reste à nous occuper de l'explication de l'*u* du sk. *gurú* et de la diphthongue du goth. *kaurs*. D'après M. Curtius [3], *gurú* viendrait de *gvarú*, par suite du développement d'un *v* après *g* ; quant à la diphthongue gothique, elle serait le résultat de l'épenthèse de l'*u* du suffixe. De son côté, M. G. Meyer [4] paraît croire à l'épenthèse dans l'un et l'autre cas.

Or, si elle a eu lieu pour le gothique, et que *kaurs* soit pour *karus* [5], nous aurions là aussi un *a* issu de la *svarabhakti*, comme

---

[1] C'est en vain qu'on objecterait qu'en pareil cas il n'y avait pas lieu au développement de l'articulation αρ = ρ. Où sont les preuves et les exemples ? Du reste, d'après les auteurs du système, eux-mêmes, il est des cas où l'α se serait développé devant la sonnante bien que la nécessité de la prononciation ne le réclamait pas; Exemples : ἴασι = *inti; ἔασι, etc. (G. Meyer, § 457). Πατέρων et πατέρας fournissent également des exemples de la présence d'une voyelle dans des circonstances analogues.

[2] Cf., la conservation habituelle de la longue après la métathese de *r*. — On peut objecter, il est vrai, l'*e* de *brevis* ; mais la chute de la gutturale a pu exercer une influence sur le vocalisme de cette forme.

[3] *Grundzüge d. Gr. Etym.*, p. 475, 5e édition

[4] *Op. cit.*, § 92.

[5] Nous voyons du reste une objection insurmontable à l'épenthèse d'un *u* dans

en grec et en latin, mais avec une différence vocalique eu égard au sanskrit bien difficile à expliquer si, comme cela paraît évident, la *svarabhakti* avait dû se produire dès l'époque proethnique. Enfin, rien de plus contestable que le développement d'un *v* après une gutturale [1], ou qu'une épenthèse du genre de celle dont on nous parle.

Mais si, au lieu de partir de l'hypothèse gratuite d'un thème proethnique faible pour le positif des adjectifs oxytons en *ú*, ce qui est très invraisemblable, étant donné l'état fort du thème au comparatif et au superlatif, et la presque certitude que ces thèmes étaient identiques à l'origine et se trouvaient même tels au moment de la séparation des races (comme le montrent encore les séries *svâdú, svâdîyas, svâdištha; lághú, lághîyas, lághištha* [2]; ὠκύς ὠκίων ὤκιστος, etc.,) nous admettons un antécédent **gâurú* [3], par exemple, l'explication des différentes formes ethniques ne présente plus de difficultés.

---

kâurs en comparant cette forme à l'all. *schwér* qui, croyons-nous, lui est apparenté étymologiquement.

[1] Voir sur ce point ma brochure sur *Les origines de la sifflante palatale en sanskrit*. Paris, Vieweg, éditeur, 1884.

[2] La division en thèmes forts et faibles paraît due à la position de l'accent. Tous les positifs en *u* sont oxytons, tandis que les comparatifs et les superlatifs sont accentués sur la syllabe radicale. Rien d'étonnant donc à ce que la division en question ne soit faite à peu près de la même manière en sanskrit et en grec après la séparation.

On peut ajouter les suivantes aux raisons qui militent en faveur de la persistance de l'identité des thèmes du positif, du comparatif et du superlatif, au moins jusqu'au moment de la séparation des races : 1° L'irrégularité en sanskrit du prétendu renforcement des thèmes du comparatif et du superlatif avec les suffixes *íyas, ištha*, ces thèmes présentant, eu égard à celui du positif, tantôt le *guṇa*, tantôt une nasalisation, tantôt un allongement de la voyelle (Whitney, § 467); 2° l'ω final du thème en grec devant les suffixes τερος, τατος, tandis que le sanskrit y répond par *a*; et cependant on peut poser que σοφώτερος : σοφός :: κρείσσων : κρατύς, c'est-à-dire que, dans les deux cas, l'accentuation rend compte de l'état relatif des thèmes. D'autre part, l'o correspondant du zend qui précède les suffixes *tara, tama* est un indice que l'ω de σοφώτερος, σοφώτατος, est proethnique; 3° le rapport de εὐρύς avec le sanskrit *urú*, de πωλύς, πουλύς avec *purú*, etc.; 4° l'analogie des participes passés en *tá*, τό-ς, parmi lesquels le grand nombre de formes avec le thème fort conservées en grec (G. Meyer, § 600) est la preuve de l'existence de cet état du thème au moment encore de la séparation des races.

[3] D'où est issu le sanskrit *gâurava*, forme bien difficile à expliquer autrement.

Le goth. *kaurs*, ayant probablement déplacé l'accent, a perdu le suffixe et conservé, par compensation, l'ancien état du radical.

Le grec et le latin ont conservé le suffixe et affaibli le thème en éliminant l'*u*, comme dans tous les cas où l'*ablaut* α apparaît à l'état faible pour répondre à ο ου ω [1].

En sk., l'état primitif de la racine a subi deux degrés d'affaiblissement dont le premier constitue un état fort relativement au second :

1er degré : affaiblissement, comme en grec, par élimination de l'élément labial de la diphthongue *âu* = *âv*, *âva*. Exemples : *gáriyas*, *gáristha*.

2mo degré : Affaiblissement par élimination de *a*. Exemple : *gurú*.

Ce double affaiblissement a son pendant exact dans la série : *urú* [2], *váriyas*, *váristha*, de la racine *var* (*vâur*, forme attestée

---

[1] Voir sur cette relation l'*Annuaire de la Faculté des lettres de Lyon*, fasc. II, 1884.

[2] L'assertion que *uru* vient de * *vru*, état faible de * *varu*, est fondée sur la double hypothèse de l'état faible du thème dès l'époque proethnique et du changement de *v* en *u* devant *r*. Nous avons déjà vu les raisons qu'il y a de douter de l'exactitude de la première ; quant à la seconde, elle est gratuite, aucun exemple n'etant de nature à la confirmer. Mais si on prétendait, que l'*u* de *uru* est directement affaibli de *va* (dans * *varu*), je répondrai que nous nous trouvons là en présence d'une de ces fausses explications dont pullule la phonétique indo européenne. L'*u* sanskrit qu'on dit affaibli de *va* dérive toujours d'un ancien état fort, *vâu*, qui se contracte en *û* ou *u*. Les preuves abondent; voici les principales :

1° L'ancien état * *vâuc* de la rac. *vac* est attesté par le sanskrit *avôcat* et toutes les formes citées par Witbney, § 853, 854, le gr. ὄψ, le lat. *vox*, etc. *Vavâca* n'est qu'une variante de *uvâca* ; l'antécédent commun est * *vâuvâuca*. La première partie a subi l'affaiblissement identique à celui de *gurú*, et la seconde à celui de *gáriyas*.

2° Les formes comme *udita* de la rac. *vad*, reposent sur l'état fort * *vâud* indiqué par αὐδή, αὐδάω, etc.

3° Les formes *ûpe* et *ûçatus* des racines *vap* et *vaç* ne peuvent s'expliquer que par d'anciennes variantes * *vâup*, * *vâuç*. A la première de ces racines se rattache sans doute le lat. *supinus*, pour * *svupinus*.

4° La rac, *vas*, *ucchati*, briller n'est, comme je l'ai déjà montré ailleurs, qu'une autre forme de *uš*, briller, brûler La forme primitive commune est *vâush*, comme le prouve le parfait *uvoša* et quantité d'autres dérivés

5° La rac. *vah*, porter, d'ou *ûhe*, etc., a pour doublet la rac. *ûh*, même sens; l'une et l'autre dérivent de * *vâuh*. Preuves : les formes comme *avodha*, *volham*, l'*û*, de *ûh*, le gr. ὄχος, etc.

6° La rac *vâ*, tisser avait sans doute une forme * *vâu*, attestée par l'*û* de *ûta* ; cf. aussi gr. ὑμήν, pour * ϝυμήν

7° Les rac. *vakš* et *virdh*, croître, avaient une forme * *vâukš* *vâurdh*, d'où dérivent *ukšati*, *ûrdhva*, etc. La preuve en ressort, pour la première, de *âukšat*, αὔξω, αὐξάνω, *augeo*, et, pour la seconde, de l'ο initial, du gr. ὀρθός.

à la fois par βούλομαι [1]; εὐρύς = *Ϝεὐρύς [2], et le latin *volo;* cf. aussi la forme védique *vurîta).* Il faut y joindre encore *purú, prâyas* [3] = *parîyas* (pour la réduction du suffixe *îyas* à *yas,* après *â,* cf. *jyâyas.*)

Le même rapport se remarque aussi dans les formes verbales se rattachant à la variante *prâ* de la racine *par,* « remplir » : *paparatus, paparus,* auprès des participes passés *pûrṇá, pûrtá.*

Toutes ces formes dérivent de la racine *pâur* [4] diversement

8o De même la rac. *uc,* convenir, dérive de *vâuc,* cf. υνοσα.

*9o *ûdhar,* mamelle, est pour *vâudhar,* cf. gr. οὖθαρ, pour *Ϝουθαρ.

10o La rac. *var (vṛṇôti)* envelopper, la même qui est dans *urú,* a comme variante faible *ûr (ûrṇôti),* même sens, dont l'*ú,* l'*âu* de *âurṇot,* l'ου. du gr. οὖλος, etc., attestent l'ancien état fort, *vâur.* Il me semble absolument évident, d'après tous ces exemples, que *urú* en dérive, et qu'il n'est ni pour *vrú, ni pour *varú, mais bien pour *vâurú.

[1] Je n'hésite pas à identifier les deux rac. *var,* entourer, embrasser et choisir. L'idée de prendre a servi de transition à la double série significative qu'on rattache à l'une et à l'autre.

[2] M. Curtius (*op. cit.,* p. 346), voit une metathèse dans εὐρύς (pour *Ϝερύς) et établit la proportion εὐρυς : *varu :: παῦρος : *parvus,* et νεῦρον : *nervus.* Mais, d'abord ces rapports n'ont rien d'exact, puisque, dans le premier cas, le Ϝ se serait déplace en enjambant sur une voyelle, tandis que, dans les deux autres, il aurait franchi (à reculons) une liquide. En second lieu, ce n'est pas directement à *parvus* qu'il convient de comparer παῦρος, mais bien à *paulus,* et il est très vraisemblable que le rapport de νεῦρον avec *nervus* est le même que celui de παῦρος et de *paulus* avec *parvus,* c'est-à dire que l'antécédent commun est *νευρϜρον pour ceux-la et *παυρϜος pour ceux-ci. — L'explication de M. G. Meyer (*op. cit.,* § 99), quoique tres ingénieuse, n'est pas plus convaincante. Il suppose une prosthèse de ε devant Ϝ d'où *ἐ-Ϝρύ-ς, εὐρύς; mais cette prosthèse n'a rien de vraisemblable. Εὐρύς = *ἐϜρύς est contredit par les formes précédées de l'augment de Ϝείλλω (rac. *var*) et Ϝείργω (rac. *varj*) comme εἴλλον, ἔελσα, εἴργον, εἴρξα, etc. Εὐρύς est dans le même rapport avec *urú* que εὐ avec *su.* Dans les deux cas (et beaucoup d'autres semblables comme εὐθύς, ἴθύς, εἰθυ-) l'affaiblissement a porté sur la consonne initiale changée en esprit doux, en epargnant le vocalisme (cf. ει initial dans εἴλλω, εἴργω).

[3] Ce mot, qui a le même sens que πλέον dans les expressions, τὸ πλέον, ἐπὶ τὸ πλέον, « en grande partie, la plupart du temps, en général, extrêmement, » est proprement le neutre du comparatif de *purú* et n'a rien de commun avec la racine *i,* aller.

Le mot *prâya,* dans le sens de multiplicité, procede sans doute de la même racine, que *purú* et *prâyas.* Cette dernière forme paraît avoir été interpretee dejà de la même maniere que moi par M. Schulze (*Kuhn's zeitsch,* xxvii, 424). — M. G. Meyer (*op. cit.,* § 92) suppose que *purú* et πολύς sont issus par *svarubhakti* d'un proethnique *prú; mais, indépendamment des autres difficultés, comment expliquer alors le zend *pouru* ou *paouru* et les formes grecques πωλύς, πουλύς, dont il est vraiment trop facile de se débarrasser en en contestant l'authenticité?

[4] Nous la trouvons encore sous cet état très fort dans le védique *pâura,* « celui qui remplit; » et c'est probablement aussi à la même racine et à son même état qu'il faut rattacher πωλύς, πουλύς, πολύς, *polleo,* etc.

affaiblie. L'état *par-prâ* correspond à celui de la rac. *gâur* dans *gárîyas*, etc., *vâur* dans *várîyas*, etc.; tandis que l'état *pûr* répond à l'allongement près, à celui des mêmes racines dans *gurú, urú* [1] etc. Quant à l'autre mode d'affaiblissement, celui en *ṛ*, le plus commun en sanskrit, il est très vraisemblablement postérieur à la séparation des races et correspond, autant que peuvent correspondre deux formes qui se sont développées d'une manière indépendante après avoir eu une origine commune et une coexistence assez longue, à l'affaiblissement gréco-latin [2] en ερ, *er* (cf. zend *ere*).

Il nous reste à examiner à quelle famille se rattache la racine qui se trouve dans *gurú*, βαρύς, *gravis*. En tenant compte du rapport étymologique qui existe entre les mots signifiant, chose lourde, fardeau, comme le sk. *bhâra*, et les racines qui expriment l'idée

---

[1] On sait que les part. passés sont construits en général avec l'état particulièrement faible de la racine. — La plupart des racines *ṛ* et *ṝ* et *r* (Withney, § 242) fourniraient des exemples analogues. Tous les verbes de cette catégorie, excepté *har*, répandre, présentent çà et, là des thèmes faibles en *û*, *u* en sanskit ou en *ō* (ω, quand il y métathèse) en grec ou en latin. Exemples :

Ar, lever, s'élever, cf. ὄρνυμι, *orior* ;
Gar, crier, célébrer, cf. *gur* (dans *gurate*, etc.); même sens;
Gar, dévorer, cf. βιβρώσκω
Jar, périr, cf. *jur* (dans *jurate*, etc.) même sens ;
Tar, traverser, cf. la forme *tuturyât*, etc.;
Dar, fendre, briser cf. τιτρώσκω;
Par, remplir, cf. part. passé *pûrṇa* ;
Mar, mourir, cf. part. passé *mûrṇa*, lat. *morior;*
Var choisir, cf. βούλομαι (avec la diphthongue ου, par exception);
Çar, briser, cf. *çûr* *(çûryate)*, même sens ;
Star, étendre, cf. στρώννυμι et στορέννυμι ;
Hvar, aller de travers, cf. *hru* (d'où *hruta*), même sens.

Il est infiniment probable que les formes correspondantes en *i*, comme les part. passés *hîrṇa*, *jîrṇa*, *çîrṇa*, etc., proviennent de l'affaiblissement d'une diphthongue. Un passage direct de *â*, *a* à *î*, *i* ne s'expliquerait pas, du reste, physiologiquement
[2] Ou plutôt à l'affaiblissement direct de *a* en *e* si fréquent en latin et dans la plupart des langues indo-européennes. En ce qui regarde spécialement l'articulation grecque ερ, elle procède en général des antécédents αιρ, ειρ. La diphthongue dérive elle-même en ce cas d'éléments dont il sera question dans l'étude sur les verbes grecs syncopés, qui accompagne celle-ci.

de porter, comme *bhar*, il y a tout lieu de croire à un rapport du même genre entre la série en question et la racine qui est dans le latin *gero*[1], en rapport probable elle-même, moyennant l'affaiblissement de l'aspirée en simple, avec la rac. sanskrite *har*, pour *ghar*[2], porter. De plus, *har* a, comme racine synonyme en sk., *dhar* et *bhar* ; autrement dit, le sk. possède trois racines signifiant porter qui ne diffèrent entre elles que par l'initiale, chacune commençant par une aspirée douce qui appartient à l'un des trois principaux ordres phonétiques entre lesquels se divisent les consonnes. Or, nous avons constaté un rapport semblable entre la finale des racines *gâh*, *gâdh*, *gabh*, et on le remarque encore entre *grah* (pour *gragh*; cf. *aghrkṣata*) prendre, *gardh*, saisir, *grabh*, prendre, ainsi que dans de nombreux autres cas. Il y a donc tout lieu de croire qu'il n'est pas fortuit et que *gh*, *dh*, *bh* représentent en pareil cas l'évolution d'un même son primitif. S'il en est ainsi, non seulement les mots *dhur*, fardeau, et *bhúri*, grand, fort, nombreux (cf. *bhâra* dans le sens de grosseur, grandeur; *bharita* rempli de, riche en ; *bhrça*, fort, puissant, etc.) font rentrer les rac. *dhar* et *bhar* dans la série de celles en *r* et *ṛ* et *ṛ*[3], mais contribuent à l'explication du thème *gâur* d'où sont issues les variantes ethniques de la série examinée.

Je conclurai en disant qu'à mon sens, les considérations qui précèdent tranchent la question d'une manière définitive et ne laissent aucun doute sur la véritable origine de l'*u* de *gurú* et de

---

[1] Le participe *gestus*, pour *gerstus*, cf. *tostus*, pour *torstus*, ramène à une forme *gers* pour cette racine ; mais ceci est un côté de la question que nous étudierons à son heure.

[2] Il peut très bien s'être produit pour la série *ghâr*, *dhar*, *bhar* (formes fortes *ghâur*, *dhâur*, *bhâur*) le phénomène qu'on remarque dans γράφω, γλύφω, auprès de *scalpo*, *sculpo*, à savoir l'adoucissement de l'initiale forte après la chute d'une sifflante. En ce cas *ghar* serait pour *skhar-skhâur*, et ainsi se rattacherait phonétiquement à la même famille, l'all. *schwer*.

[3] Le sanskrit possède du reste une rac. *gur*, porter, avec le préfixe *ut*, soulever. Les auteurs du *Dict. de St. P.* l'on confondue à tort avec *gur*, parler, crier.

l'*a* de βαρύς et *gravis*, lesquels n'ont rien à faire soit avec la *svarabhakti*, soit avec la liquide sonnante [1].

[1] Du reste, dans les cas dont il s'agit, l'hypothèse de la *svarabhakti* implique la succession de deux processus contradictoires. Il semble évident, en effet, qu'à un moment quelconque de l'évolution phonétique du langage, l'état de la racine dans les formes destinées à devenir faibles était identique à celui des formes devant rester fortes; autrement dit, par exemple, *gru* et *gárîyas* étaient semblables en ce qui regarde la partie radicale. De là, si l'on se place au point de vue du système, deux alternatives également étranges : ou bien, *gárîyas* viendrait aussi par *svarabhakti*, d'un antécédent *grîyas;* ou bien, après l'affaiblissement de *gar*, dans *garu*, en *gr*, dans *gru*, il se serait produit un nouveau phénomène qui aurait ramené les choses à leur état antérieur (du moins dans βαρύς et *gravis*), sans que la position de l'accent, condition vraisemblable de l'affaiblissement primitif, ait changé.

L'analogie des adjectifs verbaux oxytons en *á* (sk.), ό-ς (gr.), est aussi de nature à confirmer notre conclusion. On sait que ces adjectifs sont généralement formés avec l'état faible des racines. Exemples : *krçá* (rac. *karç*) *prkšá* (rac. *parkš*), *prthá* (rac. *prath*); *vrkšá* arbre, ce qui grandit (rac. *varkš*), *sprça* (rac. *sparç*), *ghna* (rac. *ghan*), ? *iπó-*, φυγό-, -λαββ-, etc. Si cet état était primitif et nécessaire dès le principe, et que *guru* et βαρύς fussent issus par *svarabhakti* de *gru* (ainsi que *tanu* et ταυύ- de *tnu*), il faudrait admettre le même phénomène dans *kará*, (cf., *káru* et *karu*) celui qui fait, *kárá*, ce qui chante, chant (cf., *káru*, chanteur), *gará*, celui qui mange, *tará*, celui qui traverse, *bhará*, celui qui porte, *mará* (et *mára*), ce qui tue, la mort, *sará* (et *sárá*), ce qui coule, les humeurs, etc., *dhamá* (auprès de *dhma*), celui qui souffle, *ghaná* et *haná* (auprès de *ghan* et de *han*), celui qui tue, etc. Il faudrait l'admettre également, quoique le vocalisme radical soit différent, dans les formes grecques correspondantes comme βορός, celui qui mange, φορός, celui qui porte, -κτονός, celui qui tue, etc., etc. Mais trois raisons des plus fortes ne permettent pas de prendre en consideration une pareille hypothèse. Ces raisons sont : 1° l'*â* des formes comme *kárá*, *mára*, *sárá*, etc.; 2° la différence du vocalisme radical entre les formes sanskrites et les formes grecques; 3° l'existence des formes fortes comme *sparça* (auprès de *sprça*), *darçá* (auprès de *drça*); etc. Les premieres étant inséparables des secondes ne peuvent s'expliquer que par le renforcement du vocalisme de celles-ci, à moins d'admettre l'inverse et de considérer les formes fortes comme antérieures aux formes faibles. Cette dernière hypothèse étant en conformité avec tout ce qu'on sait de l'evolution naturelle des sons, nous semble certaine et nous, dispense de chercher la raison d'être des formes comme *kará*, *mará*, *sará*, etc qui n'ont rien d'obscur, surtout auprès des doublets plus forts *kárá*, *mára*, *sárá* (de même que *ghna* et *pra* ou *prá*, celui qui remplit, s'expliquent par les antecedents *ghaná* et *pará*), etc. Une dernière remarque, c'est qu'ici comme dans les exemples signalés plus haut (p. 12, note 1) le vocalisme radical en o paraît être en grec (également en latin dans *pulsus*, *vulsus*, etc., et *insulsus*, auprès de *salsus*, comme εὔφρων, auprès de φρήν, φιλοπάτωρ, auprès de πατήρ, etc.) une caractéristique de l'etat faible.

ÉTUDE

SUR

L'ANCIENNE FORME DES VERBES GRECS PRIMITIFS

DONT LA RACINE EST TERMINÉE PAR UNE VOYELLE

Dans mes précédentes études sur *Le vocalisme des verbes grecs à liquides*[1] et sur *La série*, βαρύς, *gravis*, *kaurs*[2], je me suis efforcé de faire voir qu'on accorde généralement trop peu aux modifications que le vocalisme des langues indo-européennes a subi depuis la séparation des races; dans celle ci, j'ai pris à tâche de démontrer, qu'au contraire, on fait la part trop large aux développements morphologiques qui se seraient produits dans ces langues à partir de la même époque. En d'autres termes, je veux essayer de prouver, en m'appuyant principalement sur le grec, que ce qu'on peut appeler l'état large des racines terminées par une voyelle est en général d'origine proethnique, et que dans leur état actuel, ou étroit, elles ont subi une syncope.

La divergence si complète de mes vues à ces différents égards surtout avec celles de l'école représentée par les savants qu'on a pris l'habitude de désigner sous le nom de néo-grammairiens,

---

[1] Dans l'*Annuaire de la Faculté des lettres de Lyon*, 1884, fasc. 2.
[2] Ci-dessus p. 7.

en suppose ou en entraîne une toute aussi grande entre ma méthode
et la leur. Aussi, tandis que leur but principal paraît être de faire
entrer, à l'aide du rôle excessif qu'ils prêtent à l'analogie, dans
les séries grammaticales déjà connues, ou nouvellement indiquées
dans leurs travaux; tous les phénomènes qui, à première vue, paraissent y échapper ou exister auprès d'elles à titre d'exceptions,
m'efforcé-je, de mon côté, dans la persuasion que la régularité
artificielle des époques historiques du langage est d'origine relativement récente, de m'élever, par delà les séries actuelles aux
séries antérieures et même aux faits isolés dont elles sont issues.

La tentative peut sembler téméraire, car il est incontestable
qu'une des plus sûres garanties contre l'erreur en matière de
morphologie linguistique, consiste à pouvoir expliquer un fait par
un nombre plus ou moins grand de faits analogues ou identiques,
c'est-à-dire à rejoindre ce fait à une série déjà connue; mais
ma tâche n'en est pas moins logiquement légitime. Non seulement
en effet, elle implique l'usage du criterium en question dans la
mesure compatible avec mes idées sur l'origine des séries (car
il s'agit plus souvent encore pour moi de remonter d'une série
donnée à une série antérieure, que de faire abstraction absolue
des moyens de contrôle que la constitution même des séries peut
fournir), mais, sans parler de l'appui mutuel que se prêtent mes
théories, encore j'ai pour guide un autre fil tout aussi sûr, — la loi
de l'affaiblissement des sons et de la réduction des formes considérée comme la directrice absolue de l'évolution physiologique
du langage.

Il n'en est pas moins vrai que c'est s'engager dans un chemin non
frayé, et, qu'en telle entreprise, on est exposé à faire des faux pas,
même avec une boussole à la main. J'avouerai sans fausse modestie
que je suis moins que bien d'autres à l'abri de semblables mésaven-
tures; on en verra la preuve dans certaines parties de cette étude
où j'aurai parfois à rectifier mes précédentes assertions. Mais
convaincu qu'on ne peut accroître la science qu'à la condition
de s'exposer à l'erreur, je prends très philosophiquement mon
parti des risques que je cours, dans l'espoir de trouver une compensation en mettant çà et là en lumière quelques parcelles de
vérité ignorées jusqu'ici.

*I.

Liste des principaux verbes grecs à racines [1] terminées par une voyelle qu'on peut considérer comme synoopés, avec l'indication des formes plus larges qui sont de nature à justifier cette hypothèse.

Ἄα-μαι, se rassasier de; cf. sk. *aç*, manger; lat. *esco, esca*, etc.

Ἀά-ομαι, nuire; cf. ἀάσκω, même sens.

Ἀί-ω, ἄ-ω, ἄημι, souffler; cf. ἀάζω et ἀίσθω, même sens.

Ἀί-ω, οἴ-ω, penser, connaître; cf. sk. *îkš*, voir et connaître; εἴσκω, dans le sens de savoir; οἴζω, connaître [2]; ἴσημι, même sens.

Αὔ-ω, αὔ-ω, εὔ-ω, sécher; cf. αὔσ-τηρός, sec; sk. *uš*, brûler; lat. *uro*, pour *uso* [3].

Αὔ-ω, crier, appeler; cf. sk. *vac*, parler, *vàç*, crier, pour *vask* et *vâkš*. Pour le vocalisme, cf. la variante *voc* [4] de la rac. *vac*.

Βεί-ομαι, βέ-ομαι (G. Meyer, §. 496); vivre; cf. lat. *vivo*, pour *gvivzgo*, all. *quicken*.

Βιά-ω, maîtriser, faire violence; cf. βιάζομαι (homér.), même sens et le dérivé βιασ-τής.

Βρύ-ω, jaillir; cf. βρύζω (homér.), même sens.

Γαί-ω se réjouir, *ablaut* αὐ (γαῦρος); cf. sk. *juš*, même sens.

Γεύ-ω; goûter; cf. γεύσ-της, qui goûte; sk. *juš*, prendre plaisir à, lat. *gusto* [5].

Δαί-ομαι, partager; cf. δαίζω et δαίνυμι, partager, partager entre des convives. Le sk. *damç*, mordre (couper), appartient vraisemblablement à la même famille [6].

Rac. δαα-, δαη, apprendre; cf. διδάσκω et zend *dâñh*, même sens.

Δαί-ω, brûler (*ablaut* αυ, dans δαύσω, etc); cf. sk. *dhukš*, allumer; *dhakš* et *dakš*, brûler, briller, dans *dâkši*, etc.; *dah*, pour *dazgh*, brûler.

---

[1] J'entends par racine, est-il besoin de le dire, le noyau essentiellement variable, au gré de l'évolution phonétique, auquel se rattachent dans la déclinaison, la conjugaison et la dérivation, les désinences et les suffixes.

[2] Curt. *Grund.* 5. p 655.

[3] Le sk. *ucchati* (rac. *vas* briller, variante de *uš* brûler) indique que l'ancien état de la racine est *usk*. L'esprit doux de αὔω est certainement un affaiblissement de l'esprit rude de αὔω.

[4] Whitney, *Ind. Gramm.*, § 854.

[5] Les formes germaniques correspondantes, comme le goth. *kustus*, etc., prouvent que le *t* de *gusto*, etc., résulte du dentalisme proethnique d'une gutturale primitive.

[6] Cf. aussi *dâna*, fait de couper, de la rac. *dd* (*dân, dâms*).

Δέ-ω, δέ-ομαι, manquer [1]; cf. sk. *das*, même sens. Pour δέω, lier, qui, d'après M. Curtius [2], est en rapport étymologique, avec δέω, manquer; cf. aussi δεσ-μός et les autres formes sigmatiques apparentées. La rac. sanskrite *dâ*, même sens, est sans doute pour *dân*, *dâms*.

Δεύ-ω; mouiller; cf. sk. *dâ*, *dân*, dans *dânu*, goutte; eau qui coule; remarquer l'identité du rapport entre δεύω, *dâ*, lier et δεύω, *dâ*, couler. Probablement à ranger à la même famille : sk. *luç*, couler et τήκω se liquéfier [3].

Δίδωμι, donner. Une ancienne forme à gutturale de la racine est indiquée par l'aor. ἔδωκα et les dérivés sanskrits comme *dâna*, don (de *dâ*, *dân*, *dâms*). Les grammairiens hindous signalent aussi une rac. *dâs*, donner.

Δρά-ω, faire. Les formes δραίνω et δρανός autorisent à remonter à un antécédent *δρανσ du thème de ce verbe. Cf. aussi le dérivé δράσ-της.

Δύ-ομαι, se coucher, disparaître; δύη, calamité, malheur, semblent indiquer que le sens primitif est périr [4]; en ce cas, il conviendrait d'en rapprocher la rac. sanskrite *duš*, primitivement perdre, détruire, comme l'indique le part. passé *dušṭa*, perdu, détruit. Δύνω ramène de son côté à une forme radicale *δυνσ.

Ἐά-ω, εἰ-ῶ (homér.) [5], laisser, quitter; cf. εἴκω, céder.

Ζά-ω, vivre (primitivement s'agiter); cf. sk. *yakš*, s'agiter ; et p. ê. *jagat* pour *jazgat* [6], ce qui s'agite, vit; les êtres, le monde [7].

Ζέ-ω, ζεί-ω [8] bouillir (probablement une variante du précédent) ; cf. sk. *yas*, *yeš*, même sens, et *jas* avec lequel *yas* a des acceptions communes. Cf. aussi le dérivé ζέσ-μα.

Εἰ-μι, être; cf. sk. *as*, même sens.

---

[1] Aussi δεύω, lesb. (G. Meyer, § 490).

[2] *Grund. d. gr. Etym.*, p. 234.

[3] Voir dans les *Annales du Musée Guimet*, t. VII, mon travail sur les racines sanskrites à dentales initiales.

[4] Voir pourtant Curtius *(op. cit.*, p. 232) qui rapproche δύη de la rac. sanskrite *du*, brûler, faire souffrir.

[5] G. Meyer, § 477.

[6] Cf. rac. *jamh* pour *jamzgh*, agiter, s'agiter. -

[7] G. Meyer, § 513.

[8] *Yakš* est certainement pour *jakš*, le *y* initial sanskrit étant (comme souvent issu de *j*; quant au ζ de ζάω il représente, selon la règle, une ancienne gutturale dentalisée.

Εἶ-μι, aller; cf. ἵκω et l'aoriste second ἔξον, ἰθύς, pour ἰσθυς ainsi que les rac. sansk. iś et in.

Ἧ-μαι, s'asseoir; cf. sk. âs, même sens.

Rac. θη-, dans θῆ-σθαι, boire, teter. L'ancienne finale gutturale est indiquée par le sk. dhâsi, lait, breuvage, auprès de la rac. dhâ, dhe, teter, sucer, boire, et le lat. femina, pour *feg-mina et fec-undus.

Θεά-ομαι [1], contempler, voir; primitivement briller, brûler; θύ-ω est de la même famille; cf. θαῦμα pour le vocalisme; — probablement pour *θαιϜασ-ομαι, mais sans preuves directes.

Θεί-ω, θέ-ω (θευ-, dans θεύσω, etc.), courir; cf. ταχύς et surtout θάσσων, pour *θασσ-jων.

Θρά-ω, θλά-ω, θραύ-ω, briser; cf. τιτρώσκω, même sens; et les dérivés θραῦσ-μα, θραυσ-τός, etc.

Ἰά-ομαι, guérir; ἰαίνω, adoucir, amollir, guérir, permet de supposer un primitif européen à sifflante, *sisams (?)

Ἰαύ-ω, dormir [2]; p. ê, à rapprocher du sk. vivats désidératif de vas, se reposer, coucher, etc.

Ἵη-μι, jeter, envoyer; p. ê. à rapprocher du sk. yiyâs désidératif de yâ, aller.

Καί-ω (καυ-, dans καύσω, etc.), brûler; cf. sk. çuç, brûler et çuś, sécher; l'un et l'autre d'un antécédent *kśusk ou kśukś dont cakś, briller, voir, etc. est une variante; cf. aussi les dérivés καύσ-της, καῦσος, etc [3].

Κλάω, briser; cf. p. ê. sk. karś, déchirer et les dérivés κλασ-τήρ, κλασ-τός, etc.

Κλαί-ω (κλαυ- dans κλαύσομαι, etc.), pleurer, crier; cf. sk. kruç, crier, se lamenter, κλάζω, κράζω et κρίζω, crier [4]; cf. aussi les dérivés κλαυσ-τήρ, κλαῦσ-τός, etc.

Κλεί-ω, fermer; cf. κληΐζω et κλήζω, lat. clingo, même sens; κλάξ, clé; sk. çliś, entourer; cf. aussi les dérivés κλεῖσ-μα, κλεισ-τός, etc.

---

[1] Aussi θαέομαι, dor.; θηέομαι, ion.

[2] Δαύω n'a probablement de rapport que pour le sens avec ἰαύω.

[3] Cf. aussi sk. kśâ, brûler.

[4] Peu-être κρούω se rattache-t-il à cette famille si, comme il semble, le sens primitif de ce verbe est « faire du bruit. »

Κλύ-ω, écouter, κλεί-ω et *κλέω (κλέ-ομαι), célébrer (cf. κλέος, gloire) ; cf. sk. *çruš*, écouter ; κληίζω, κλήζω célébrer.

Κνάι-ω, κνά-ω, κνύ-ω, gratter ; cf. κνίζω, κνύζω et κνήθω, pour *κνησθω, même sens, ainsi que les dérivés κνῆσ-μα, κνησ-τός, etc.

Κτά-ομαι, acquérir, posséder ; apparenté avec κτίζω (cf. κτῆμα pour le vocalisme) ; cf. aussi sk. *çâs* dans le sens de « être maître. »

Κυέ-ω, κύ-ω, être enceinte, enfanter ; cf. κυίσκω, féconder, rendre mère.

Λά-ω, probablement pour *λαυω, dans le sens de voir et de vouloir, désirer, λιλαί-ομαι, désirer[1] ; cf. λεύσσω, voir et sk. *ruc*, pour *rukš, qui a les deux sens.

Λού-ω, laver, appartient à la même famille que πλέ-ω, φλέ-ω, φλύ-ω, lat. *fluo*, *fleo*, *pluo*, *lavo*. L'idée primitive est se mouvoir, s'agiter, courir, couler, d'où, mouiller, naviguer, laver, etc[2]. La perte d'un groupe composé d'une sifflante et d'une gutturale est attestée par le sk. *pruš*, mouiller, les formes latines *fluxi*, *fluxus* ; v. le haut all. *fliuzu*, etc. ; cf. aussi le dérivé λούσ-της.

Λύ-ω, rompre, délier ; ἐρύω, tirer et ῥύ-ομαι, sens primitif, tirer ; cf. sk. *ruj*, briser, d'où *rurukšani*, qui brise ; *luñc*, tirer, déchirer ; *lû*, *lunâti*, couper, (désid. *lulušati*) est une racine réduite des précédentes ; cf. aussi goth. *lausja*, détacher ; et les dérivés ῥυσ-τήρ, ῥυσ-τάζω, ἐρυσ-τός, etc.

Μαί-ομαι, désirer ; cf. sk. *mímâms*, même sens et μαίνομαι, désirer vivement ; cf. aussi les dérivés μασ-τήρ, μασ-τεύω, etc.

Ναί-ω, habiter ; cf. aor. ἔνασσα ; part. pass. νένασμαι ; sk. *nakš* et *naç*, obtenir, posséder. Cf. aussi, pour le sens, le rapport de *kši* habiter, avec κτάομαι, posséder.

Νάι-ω, νά-ω, ναύ-ω, couler, νέ-ω, νεύ-ω, nager, naviguer ; cf. νῆσσα canard (le nageur) ; νήζομαι, pour *νησχομαι, nager et les dérivés νασ-μός, νευσ-τός, etc. ; νίζω et νίπτω[3], mouiller, laver, avec dentalisme et labialisme de l'ancien groupe σχ = χσ ; p. ê. νῆσος, pour *νησσος,

---

la terre qui se mouille où qui est mouillée; l'all. *nass*, mouillé; le lat. *nato*, pour *nasto*, présente un dentalisme qui a son analogue dans νίζω.

Νέ-ω, filer, mais aussi primitivement tisser, comme le montrent les différents sens du lat. *neo*; cf. lat. *necto* (rac. *nex-*); sk. *nah*, pour *nazgh*, attacher (zend *naz*); νήθω, avec dentalisme, pour *νησθω.

Νέ-ομαι et νεί-ομαι, venir; cf. νίσσομαι, même sens, p. ê. aussi sk. *nas*, se réunir, ainsi que νόστος.

Νεύ-ω, incliner la tête; cf. νευστάζω, νυστάζω, l'all. *nicken* atteste dans ces formes le dentalisme de l'ancien groupe à gutturale.

Νοέ-ω, pour *γνοεω, connaître, penser; cf. γιγνώσκω.

Ξεώ, ξύω, couper, aiguiser, menuiser; à la même famille appartient ξεί-ω, couper, fendre, pour *σκειω; cf. κέαζω pour *κειϝαζω(?), même sens et sk. *ças* ou *çâs*, couper; s'y rattachent encore: *kšan*, couper et ξαίνω, diviser la laine, carder avec perte de *s* (*kšâms*)[1]; *kši* (*kšin*), détruire (en coupant, brisant); *çân* (*çîcâmsati*), *çâ* et *cchâ* couper, menuiser, aiguiser[1]; cf. aussi les dérivés ξεσ-τός, ξύσ μα, etc.

Παί-ω, πταί-ω, pour *σπαιω (peut-être pourtant pour *παταιω, à comparer en ce cas avec πατάσσω) battre, frapper, donner contre; cf. πτίσσω, piler, frapper; πιέζω, presser; lat. *pinso*, broyer, battre; sk. *pimš*, *piš* et *pîd*, pour *pizd*, presser, broyer.

Παύω, mettre en repos, calmer, faire cesser; cf. παυσωλή, παυσ-τήρ; lat. *pausa*[2] et p. ê. *pax*.

Πίμ-πλη-μι, remplir; cf. sk. *prnâmi*, même sens, rac. *prms*, lat. *plenus*, pour *plensus*; p. ê. sk. *puruša*, *gens*, homme, cf. *populus*; cf. aussi πλῆθος pour *πλησθος, *πλησχος, et le dérivé πλῆ-σμα.

Πίμ-πρη-μι, brûler; cf. sk. *pruš*, *pluš*, même sens; πυρσός, flambeau; πρήθω, brûler, pour *πρησθω, *πρησχω, et le dérivé πρησ-τήρ.

Πλεί-ω, πλέ-ω, πλώ-ω, πλευ-, naviguer; voir ci-dessus sur λούω; πλύνω est probablement pour *πλυνσω; cf. aussi les dérivés πλεῦσ-τέον, πλύσ-μα, etc.

Πνεί-ω, πνέ-ω, πνευ-, respirer; le rapport avec πνίγω admis par MM. Curtius et G. Meyer me paraît invraisemblable: J'en verrais

---

[1] *Kšad* et *cchid* résultent d'un dentalisme identique à celui de κέαζω.

[2] Ce mot est considéré comme emprunté au grec par M. Günther et Saalfeld (*Die Lautgesetze d. griech. Lehnwörter*, p. 11) mais le fait n'est rien moins que sûr.

plutôt un avec ψυχή et σφύζω, c'est-à-dire avec une racine σφυσχ ou σφενυσχ, cf. πινύσκω, πινύσσω ; πνέω serait pour *σπενυσω. Cf. aussi le dérivé πνεύσ-της.

Rac. πο-, πι-, boire ; cf. πιπίσκω, faire boire ; sk. *pipâs* et *pipîs*, formes désidératives ; πίνω est probablement pour *πινσω.

Πρίασθαι, acheter ; cf. πιπράσκω, et πέρνημι, vendre, pour *περνσημι.

Πρί-ω, scier ; cf. πρίζω, même sens et les dérivés πρισ-τήρ, πρισ-τός, etc.

Πτοέ-ω, frapper de stupeur ; cf. πτήσσω et πτώσσω, craindre, avoir peur.

Πτύ-ω, cracher ; les formes germaniques *spihan* et *spucken*, même sens, attestent la disparition d'une forme plus large à gutturale. Cf. aussi le dérivé πτύσ-μα.

'Ραί-ω, briser ; cf. ῥήσσω, même sens.

'Ρέ-ω, ῥευ- ῥω-ομαι, couler ; cf. ῥαίνω, arroser, rac. *ῥαινσ, le désidér. sk. *su-srûš-ati* et le dérivé ῥευσ-τός.

Σαό-ω, sauver ; cf. σώζω, même sens, σῶχος, fort et les dérivés σωσ-τός. σῶσ-τρον, etc.

Σεί-ω, σεύ-ω (pour *σκειω, *σκευω), κίω, mouvoir, agiter ; cf. lat. *ad-scisco*, auprès de *ad-scio* et de *cieo* ; κινέω, rac. *κινσ, agiter ; all. *schiessen*, pousser ; cf. aussi le dérivé σεῖσ-μα.

Σμά-ω, essuyer, frotter ; cf. σμήχω et σμώχω, même sens, pour *σμησχω, *σμωσχω.

Σπά-ω, tirer, tirailler, s'agiter ; apparenté avec σφύζω, palpiter, cf. σπασμός et σφυγμός, et avec le sk. *spand*, s'agiter, tirailler, où la finale *d* est sans doute issue d'une gutturale.

Τί-θη-μι et ἵσ-τη-μι, placer, se tenir debout ; cf, ἔθηκα, ἔστηκα et le lat. *facio* qui ramènent à d'anciennes formes à gutturales ; de même que θεσ-μός, σταθμός, pour *στασγμος, sk. *dhâna* et *dhâsi*, résidence, *sthâna*, même sens, *sthasnu*, fixe, etc.

Τεί-ω, τί-ω, avoir égard à, honorer, donner ce qui est dû ; cf. sk. *cin*, pour *cins, dans *cinvan*, *cinute*, etc., avoir égard à, *cit* et *cint* même sens. Τιν, dans τίνω, est pour *τινσ.

Τλά-ω, porter, le lat. *tollo*, pour *torso, et le sk. *dhṛk* ramènent à une ancienne forme à gutturale de la racine.

Τρεί-ω et τρέ-ω, trembler ; cf. sk. *tras*, même sens, lat. *tremo*, pour *tremso, et le dérivé τρεσᾶς.

Ὑλά-ω, aboyer ; cf. ὑλάκτεω, ὑλάσκω et ὑλάσσω, même sens.

Ὗ-ω, pleuvoir; cf. sk. *ukš*, arroser, mouiller, ὑγρός, pour *ὑσγρος*, humide, et le dérivé ὑσ-μα.

Φά-ω, briller; cf. sk. *bhâs*, même sens, et πιφαύσκω, montrer. La rac. φαιν-, dans φαίνω, briller, est pour *φανσ.

Φη-μί, dire, parler, cf. sk. *bhâš*, même sens, lat. *fastus*, et φάσκω, même sens. La rac. sanskrite *bhan*, parler, est pour *bhams*.

Φϑί-ω, gâter, détruire, corrompre; le groupe φϑ paraît représenter ici *kš*, dans la rac. *kši*, (*kšin*); voir ci-dessus sur ξέω. Φϑιν-, dans φϑίνω est pour *φϑινσ.

Φλε-ώ, φλυ-ώ, φλυί-ω, couler; voir ci-dessus sur πλέω et cf. lat. *fluxus*, -φλὺξ dans οἰνόφλυξ, etc.

Φοιτά-ω, aller et venir; cf. φοιτάζω, même sens.

Φύ-ω et φυί-ω, naître, faire naître. Auprès du sk. *bhû*, être, naître, se range *bhûs*, s'étendre, s'accroître, qui indique que φύω est pour *φυσω.

Χεί-ω, χέ-ω. χευ-, verser; cf. v. h. all. *kiuzu*, même sens; dans le lat. *fundo*, verser, χύδην en versant, etc., le *d* est pour ζ venant de ξ.

Χρά-ομαι, χράω, κίχρημι, se servir de, user de, χρή, il est besoin; cf. χρήζω, manquer de, et les dérivés χρησ-τός, χραισμέω, etc.

Χρά-ω, χρεί-ω, χρέ-ω, rendre un oracle; cf. χρήζω dans le même sens et les dérivés χρησμός, χρησ τός.

Χραύ-ω, χρά-ω, écorcher; cf. sk. *ghars*, même sens; χραίνω, même sens, est pour *χρανσω, et χρίμπτω; pour *χριμπσω, par labialisme.

Χρί-ω, oindre, χλί-ω, être doux, s'amollir; cf. lat. *frico*, pour *frisco* et les dérivés χρίσ-μα, χρισ-τός, etc.

Ψαί-ω, ψαύ-ω, ψά-ω; ψί-ω, toucher, frapper, briser; même famille que παιω, πταιω, *pinso*, etc. (voir ci-dessus). Cf. aussi zend *spakhsh*, presser, opprimer, ψήχω et ψώχω pour *ψησχω, *ψωσχω, et les dérivés ψησ-τός, ψαυσ-τός, etc.

II

La première question soulevée par ces rapprochements est celle de savoir si les racines à désinences vocaliques ne doivent pas être considérées comme primitives, tandis que les racines appa-

rentées ayant une forme plus large et terminées par des consonnes
(comme πτίσσω, *pinso*, ψαίω, auprès de παίω, πταίω) seraient le
résultat d'élargissements postérieurs. Ce dernier point de vue est
celui qui prévaut généralement et qui bénéficie surtout de l'autorité
de M. Curtius. Nous le croyons pourtant erroné, et nous allons
en donner les raisons.

Avant toute discussion précisons bien le point à débattre.

Qu'à l'origine les éléments morphologiques du langage, ou les
racines primitives, aient été monosyllabiques, c'est ce dont la
logique ne permet guère de douter, quoique les preuves de fait d'une
pareille présomption échappent à jamais à l'analyse. Mais, heureu-
sement, il ne s'agit pas pour le point qui nous occupe de se représenter l'état des racines au début même du langage. Le véritable
objet de la question est de constater dans la mesure du possible
l'aspect que les parties des mots considérés comme radicales avaient
revêtu immédiatement avant l'époque de la séparation des races,
c'est-à-dire au moment le plus lointain sur lequel la comparaison
des idiomes nous permette de recueillir des données quelque peu
positives. Or, si prenant par exemple le prétendu élargissement de
la racine *fŭ*, dans le lat. *fu-n-do*, nous remarquons qu'un état
parfaitement identique se constate dans le grec χύδην[1], confusé-
ment, et le guth. *giuta*, tandis que le sk., dans les variantes
inséparables de *hu*, (pour *zghu*) : *cyut*, *çcut*, *çcyut*[2], montre un état
large tout voisin, nous en conclurons en toute sureté que cette
forme large commune à quatre branches de la famille est proethnique, et que la forme étroite du grec χέω et de la racine sanskrite
hu est le résultat de syncope ou d'usure.

La même conclusion se déduit du grand nombre de dérivés
sigmatiques qui se rangent en grec auprès des verbes à finale
radicale vocalique. — Citons, pour les participes passés : ξεσ-τός,
auprès de ξέω, πρισ-τός, auprès de πρίω, χρησ-τός, auprès de χράομαι, χρή.

Pour les noms d'agents en της, τηρ : δρασ-τήρ, auprès de δράω,
καύσ-της, auprès de καίω, παυσ-τήρ, auprès de παύω.

---

[1] La valeur de cet exemple est contestable, car on peut dire que δην est un suffixe
quoique la chose soit douteuse dans le cas particulier ; mais la seule concordance
du lat. et du goth. suffirait à la démonstration.

[2] Cf. aussi les correspondants en zend *shu* et *shiyu* (n. pers. *shu len*) et *zgad*.

Pour les dérivés substantifs en σμα et σμος : δεσ-μός, auprès de δέω, σεισ-μός et σεῖσ-μα, auprès de σείω.

Citons aussi les parfaits et les aoristes passifs sur le type de πέπλευσμαι, ἐπλεύσθην, auprès de πλέω. Et, enfin, toute la série des formations nominales en σις, sur lesquelles j'aurai occasion de revenir [1].

Telles sont les raisons de fait.

Examinant maintenant la question sous un point de vue plus général, nous ferons remarquer que si le latin *fundo* s'est accru, postérieurement à la séparation des idiomes, de l'élément dental qui termine la racine, c'est-à-dire si *fundo* vient de **feuo*, ou d'une racine *feu* ou *fu* (sk. *hu* et gr. χευ-), cet accroissement n'a pu avoir lieu que par analogie, car l'hypothèse d'une agglutination est absolument inadmissible en pareil cas et à pareille époque. Or rien de plus invraisemblable que la production de formes analogiques qui n'auraient pas de raison d'être significatives, c'est-à-dire qui seraient une pure transformation morphologique n'apportant aucun changement au sens du vocable transformé, comme pour *fundo* auprès de **feuo* et de χέω. D'ailleurs, il serait facile de montrer que tous, ou presque tous les verbes latins en *ndo* ont leurs correspondants significatifs et morphologiques dans les autres idiomes de la famille, et, par conséquent, qu'ils ne forment pas une série à l'accroissement de laquelle l'analogie a contribué.

III

Analyse de γαίω, δαίω, θείω, πλείω, *etc.*

Nous examinerons d'abord les explications proposées par M. G. Meyer [2] pour chacune de ces formes en les faisant suivre de nos observations.

Γαίω, viendrait d'une racine γᾶϝ est serait pour **γᾶϝ-ιω*, **γαυ-ιω*;

---

[1] Il va sans dire que je considère comme absolument gratuite l'opinion d'après laquelle le σ dans toutes ces formes aurait une origine analogique, et que je vois dans cette lettre l'une des finales de l'état large de la racine.

[2] *Gr. Gram*, § 50, 103 et 512.

preuves, γαῦρος, lat. *gaudeo*. — Les temps spéciaux manquent et rien
dans ces rapprochements ne prouve l'existence d'un suffixe ιο[1].
Γεύω, qui, comme γαίω a pour correspondant en sk. la rac. *juś*,
est un doublet de γαίω qui s'est spécialisé à la nuance physique du
sens primitif.

Δαίω, rac. δαϜ; preuve δεδαυμένος. Δαίω est pour *δαϜ-ιω; *δαυ-ιω.
— Mais peut-on séparer la prétendue rac δαϜ des formes sanskrites
du, dû, dâv (dans *dâva*), brûler et de la *nebenform, dî, dâi* (dans
dîdâya), briller ? En réalité et comme nous le verrons plus loin,
δαι en tenant compte de l'*ablaut* de δαυ, correspond au sk. *dev, div*.

Καίω, rac. καϜ, pour καϜ-ιω, cf. καύσω. — M. Meyer n'indiquant
pas d'étymologie, cette assertion reste gratuite.

Κλαίω de *κλαυ-ιω, cf. κλαύσομαι.

Mais, d'une part, κραυγή indépendamment des exemples cités
plus haut, indique que la rac. est syncopée; en second lieu,
κρίζω, κληίζω, κληίσκω, etc. (sens primitif commun, crier) justifient
le caractère radical de la diphtongue αι dans κλαίω.

Κλείω de *κλευ-ιω, cf. κλέϜος, sk. *çravas*.

Observations analogues à celles ci-dessus, κλείω étant de la
même famille que κλαίω et la forme κλεῖος montrant le caractère
radical de la diphthongue.

Ναίω, couler, rac. ναϜ. — Νίζω qui appartient à la même famille,
indique, au contraire que dans ναίω la diphthongue est primitive.

Παίω de *παυ-ιω, cf. lat. *pavio*.

Les formes *pavivi, pavitum* donnent à croire que *pavio* est
pour *paveio. Du reste παίω conserve sa diphthongue à tous les
systèmes temporels (παίσω, ἔπαισα, etc.). Enfin, on ne saurait le
séparer de πτίσσω, *pinso*, où le vocalisme justifie le caractère radical
de la diphthongue dans παίω.

Μαίομαι de *μασ-ιομαι, cf. μάσσεται.

La comparaison, d'autre part, avec l'intensif μαιμάω ramène à
une forme forte vocalisée en αι qui justifie le caractère radical de la
diphthongue dans μαίομαι.

Λιλαίομαι, de *λιλασ-ιομαι, cf. sk. *laś-ya-ti*.

---

[1] Le vocalisme de γηθέω, se réjouir, pour *γησθεω est à lui seul un indice que αι est
radical dans γαίω.

Cette comparaison est d'autant plus insuffisante pour prouver ici la présence d'un suffixe ιο, qu'on trouve en sk. *laśati*, seul usité auprès du *laśyati* des grammairiens, et qu'il n'y a aucun exemple védique de l'emploi de la rac. *laś*.

Δείω, δέω.

La forme lesb. δεύω prouve que le rapprochement avec le sk. *das-ya-ti* (inusité), rac. *das*, est insuffisant pour renseigner sur le vocalisme de la forme proethnique.

En ce qui regarde θείω, πλείω, πνείω, χείω, ρείω, M. G. Meyer y voit, soit des formes pour *πλευσ-ιω, etc., qui, tout homériques qu'elles sont pour la plupart, seraient de création relativement récente, parce qu'elles présentent l'état fort au lieu de l'état faible (requis avec le suffixe) de la racine, — soit une orthographe particulière pour exprimer la syllabe abrégée qui restait après la chute de ϝ = υ.

Pour moi, je range le phénomène à l'analogie de καίω, auprès du thème καυ-; de δαίω, auprès du thème δαυ- etc.; ou encore à celle de κναίω, auprès de κνύω, ou mieux encore de ψαίω, auprès de ψαύω et de σείω auprès de σεύω. C'est-à-dire que nous avons affaire à deux séries de diphthongues correspondantes αι-αυ. ει-ευ, qui se trouvent réparties entre les formes d'un même verbe ou entre les variantes d'un même thème primitif de ce verbe.

Remarquons d'ailleurs que dans κνκίω, παίω, πταίω, ραίω, ψαίω, σείω, etc., où la diphthongue apparaît à tous les systèmes, il ne saurait être question d'une analyse qui en détache un suffixe ιο. Ce fait prouve que les diphthongues αι, ει peuvent servir d'éléments vocaliques radicaux à la série des verbes dont nous nous occupons.

Quelle est maintenant l'origine des séries, αι ει, αυ-ευ et la nature de leurs rapports? D'abord il est très vraisemblable que ει vient de αι et ευ de αυ par suite de l'affaiblissement de l'élément initial de ces diphthongues.

En second lieu, si on rapproche les thèmes χει· et χαυ- des rac. sanskrites *cyut* et *çcyut*[1] et du goth. *giuta*, — les thèmes κλει-

---

[1] Ces rapprochements et les conclusions que j'en tire, infirment l'explication que j'ai tenté de donner dans ma brochure sur l'*Origine de la sifflante palatale en sanskrit* des racines comme *khyâ*, probablement pour *khayâ (cf. à *jyâ*, *ji*, avec ses formes fortes *jaya-*, *je*, *ji*).

(de κλείω) et *clau-* (de *claudo*) de l'anc. h. all. *sliuzu;* et de l'anc. sl. *ključi,* — les thèmes γαι- (de γαίω) et γευ- (de γεύω) du goth. *giusa,* — les différentes formes entre elles de la rac. sanskrite *sîv,* coudre, *a-sev-ît, sîv-yati, syû-ta* [1], — les thèmes δαι- et δαυ- (dans δαίω) des thèmes sanskrits *dev* (dans *deva*), *div* (dans *divas*), *dyu* (dans *dyuti*) [2] on sera amené presque invinciblement à se demander si :

$$\Delta\alpha\acute{\iota}\omega \quad \text{n'est pas pour} \quad \delta\alpha\iota F\omega,$$
$$\Gamma\alpha\acute{\iota}\omega \quad\quad — \quad\quad \gamma\alpha\iota F\omega,$$
$$\mathrm{K}\lambda\varepsilon\acute{\iota}\omega \quad\quad = \quad\quad \varkappa\lambda\varepsilon\iota F\omega,$$
$$\mathrm{X}\varepsilon\acute{\iota}\omega \quad\quad = \quad\quad \chi\varepsilon\iota F\omega, \text{ etc.}$$

Et cette conjecture prendra presque le caractère d'une certitude.

---

[1] *Sŭ,* venant de *sa(i)v* dans *sû-tra,* est à la rac. *sîv,* pour *saiv, comme *du,* brûler est à *div,* briller, comme κναιϜω est à κνύω, ou comme σειϜω est à σεύω.

[2] D'autres exemples extrêmement curieux et éloquents de la réduction de ει en ε devant Ϝ ou υ sont ἀμευω pour *αμειϜω, auprès de ἀμείϐω et du sk. *mîv* (cf. pour l'affaiblissement de la consonne labiale en υ, sk. *sev* auprès de σέϐω pour *σειϐω; rac. *reph, rebh* auprès de *ru* crier; lat *bibo* auprès de -*buo* etc); νέος auprès de νείος pour *νειϜος et du goth *niujis;* πλεός auprès de πλεῖος, pour *πλειϜος; κλέος auprès de κλεῖος pour *κλειϜος et du goth. *hliuma;* ῥέα auprès de ῥεῖα pour ῥειϜα et du lat. *rîvus* (ce qui coule); βέομαι auprès de βείομαι pour *βειϜομαι, du sk. *jîv* (cf. *jŭ* venant de *ja(i)v*), du goth *qius;* πρᾷος et πραύς, pour *πραιϜος, auprès du lat. *prîvus* pour *preivus. *praivus, sk. *priya* etc.; θέειος pour *θειϜειος auprès du sk. *dâiva,* *divya,* lat. *dîvus,* etc. Même phénomène en latin dans *gnaivod* auprès de *gnavus,* et, devant une liquide, dans *caelum* auprès de *calor,* etc.

En ce qui concerne le latin, le rapport des verbes en *uo* et *eo* avec l'état vocalique ειϜ en grec, *îv (ev, âiv)* en sansk., *iu eiv, eo* dans les anciens dialectes germaniques, tout en confirmant la loi précitée donne lieu aux plus intéressantes remarques et aux conclusions les plus neuves. Ainsi le sk. *sthiv* et le goth. *spelvu* prouvent que *spuo* (*spûtus*) est pour *speivo, *speuo (de même pour πτύω); de même *suo (sûtus)* (et gr. κασ-σύω) est pour *seivo. *seuo, cf. sk. *sîv,* goth. *sivjan; fluo, luo (lûvi), pluit,* pour *fleivo, *fleuo, etc., auprès de l'anc. h. all. *vliuzu* et des thèmes gr. πλει-, πλευ-, φλε- (φλει), φλυ- (φλευ); *nuo (nûtum)* pour *neivo, *neuo; cf. -*nîveo,* dans *connîveo.* (L'analogie de *fluo* pour *fleivgvo ou *fleivgo et de *vivo* pour *veivgo, seule restitution que permette le sk. *jîv* et le gr. βίος montre que -*nîveo,* auprès de -*nîvi* et -*nîxi* est pour *neivgeo; en d'autres termes, s'il paraît certain que le groupe *gv* se réduit à *v* dans *brevis,* etc., il semble non moins sûr que *vg* se réduit également à *v* dans un bon nombre de cas), et gr. νεύω pour *νειϜω; *struo* pour *streivo *streuo; cf. goth. *stiur-jan* (?); *ruo* (s'écouler, s'écrouler) pour *reivo, *reuo, cf. *rivus* et les thèmes gr. ῥει-, ῥευ-; -*buo (bûtus),* dans *imbuo* pour *beibo, *beivo, *beuo, cf. *bibo* et sk. *pivâmi,* futur gr. πιϜο-μαι. — Dans les verbes à thèmes monosyllabiques, en *eo* le *v* éliminé au present (Cf. Curt., *Grund.* p. 301) s'est conservé au parfait. Exemples: *fleo* pour *fleuo. cf. *fluo* et le parf. *flêvi;* *cieo,* *cio* pour *ci-evo, cf. σείω, σεύω, parf. *cîvi;* -*pleo,* dans *impleo* pour *pleivo, *plevo, cf. πλεῖος et πλέος, pour *πλειϜος, et -*plêvi;* *leo* dans *deleo,* etc. (auprès de *lino, lenis*) pour -*leivo, -*leuo, cf. λεῖος pour *λειϜος, *lêvis* pour *leivis, -*lêvi* etc.; *eo,* auprès de *uo* l'un et l'autre

si l'on remarque : 1° que cette hypothèse établit un parallélisme frappant au point de vue du vocalisme entre les présents

δαιϝω, βαίνω, φθαίρω,

χείϝω, τείνω, κείρω,

Où les diphthongues αι, ει apparaissent devant les semi-voyelles ϝ, ρ et la nasale ν; c'est-à-dire devant des sons qu'on peut considérer comme ayant un caractère semi-vocalique commun; 2° qu'en réalité, et comme la règle l'exige, καυσίς, καυστός, καυστήρ et καυτήρ, cf. βατήρ [1], etc., sont des formes faibles auprès de la rac. καιϝ, résultant comme καρσίς, τασίς, καρτός, τατός;, etc., de l'élimination de l'élément final de la diphthongue radicale.

[Sous un autre point de vue, la diphthongue, dans γαίω, δαίω, καίω, etc., est très certainement apparentée à la diphthongue sanskrite *ái* dans les racines indiquées par Schulze (*Kuhn's Zeitsch.*, XXVII, 4, 420, seq.) [2]. Cette relation est d'autant plus sûre qu'en sanskrit, comme en grec, il s'agit de racines à *terminaison vocalique*. Dans ces circonstances, une coïncidence fortuite est des plus invraisembles.

Cette diphthongue, nous l'avons vu plus haut, est également identique dans son origine comme dans sa nature avec celle

---

pour *eivo (cf. *exeo* et *exuo*, *ineo* et *induo*) aupres du sk. *eva*, du parfait *ivi* du gr. εὐθύς et ιθύς (antecedent commun, *ειϝεθυς); *fio* pour *feio*, *feivo*, cf. anc. sax. *bium*, angl. sax. *beom*, anc. irl. *biu*, lat. *fui* pour *feici*, *fevi*, gr. φῑ dans φῑτυ, φίτυμα, etc., *foetus* avec *ablaut* pour *feitus* etc. — Les verbes latins à themes dyssyllabiques en *eo* présentent tres vraisemblablement une contraction semblable. Qu'il nous suffise d'en donner pour exemple *teneo* pour *teneuo*, cf. *continuus, tenui, tenuis*, sk. *tanomi*, gr. τάνυμαι. On peut en tirer cette conséquence, qu'au moins pour un tres grand nombre de verbes en *eo* et *io* (pour *ei(v)o, io*), les parfaits en *évi, ivi, ui* (et peut-être les imparfaits en *bam* et les futurs en *bo*) ne comportent pas d'auxiliaires; ils sont formes simplement sur des themes archaiques comme les pretendus parfaits composés en *si*. — Sur l'angl. sax. *beom*, etc., v. Kluge (*Beiträge de Paul et Braun*, VIII, 359 seqq.)

[1] Les futurs comme καύσω paraissent faire exception. Ne serait-ce pas à cause de l'impossibilité du maintien de la triphthongue αιυ dans καιυσω, etc.? — Remarquons encore qu'une forme faible comme καῦσος (de καυσός) correspondant à un theme fort καιϝσ- explique une forme faible comme φθορός correspondant à un theme fort φθαιϝρ, ancienne forme de φθαιρ. Cf. ci-dessus p. 14, note.

[2] Le double vocalisme, *à*, *ái* d'une racine comme *vâ*, désirer, par exemple explique les *nebenform, van, ven* de la même racine.

qu'on rencontre en grec dans les verbes à liquides comme φθαίρω φθείρω et les verbes à nasales comme βαίνω[1].

Les raisons qui, à côté de celles déjà données, ne permettent pas d'en douter, sont les suivantes :

1° Un aoriste ἔκηα pour *ἔκηϝα est, au point de vue du vocalisme radical, dans le même rapport avec ϗαίω que ἔψηρα avec ψαίρω.

2° La relation de αι et de αυ dans les formes radicales καὶ , καυ est comparable à celle de αι, ει et de ω, ου dans les exemples indiqués dans l'étude déjà citée de l'*Annuaire de la Faculté des lettres de Lyon*.

3° Dans θλάω, auprès de θραύω; κνάω, auprès de κναίω; ψάω, auprès de ψαύω et ψίω; πλέω, auprès de πλείω, et toute la série dont ces derniers font partie, la réduction de la diphthongue, ou le passage de la forme forte à la forme faible, s'est faite, contraire - ment à ce qui a lieu dans les racines terminées par une consonne autre que les liquides et les nasales, par l'élimination de l'élément à la fois faible et final de la diphthongue.

La même loi a présidé à l'affaiblissement de αι en α et de ει en ε devant une liquide et une nasale. Le fait se constate non-seulement dans les formes faibles des verbes comparées aux formes fortes, mais encore dans les adjectifs comme ξένος, auprès de ξεῖνος, στεινός, auprès de στενός, etc.

4° Un fait des plus importants, tant au point de vue de l'étude du vocalisme des séries de verbes examinés, que de l'identité primitive de ce vocalisme dans les uns ou les autres, c'est l'état fort en αι de la partie redoublée des verbes à sens et à forme intensives comme, δαιδάλλω, μαιμάω, παιπάλλω, etc.

Étant donnée la loi de la formation de ces verbes en sk., αι y est évidemment l'état fort de α [2].

5° Si, comme j'essaierai de le démontrer plus loin, les verbes à

---

[1] Dans l'*Annuaire de la Faculté des lettres de Lyon* (1884, fasc. 2), j'ai considéré provisoirement cette diphthongue comme issue de ᾱ et comme une sorte de variante orthographique de η. Je rectifie cette assertion en disant que αι, en correspondance avec ᾱ ou η, est issu des mêmes antécédents.

[2] Voir Curtius (*Grund. d. gr. Etym.*, p. 680) que ce phénomène paraît embar-rasser beaucoup.

finale radicale vocalique sur le type de καί-ω, sont syncopés eu
égard aux verbes à nasales sur le type de βαίνω, le vocalisme, à
moins d'avoir subi des modifications ultérieures [1], *doit* y être identique à celui de ces derniers. Or, ce raisonnement se trouve en
parfaite harmonie avec les faits.

6° La concordance du vocalisme en αι (ou ει) (avec *ablaut*
αυ, ω, ου, υ) entre les verbes à finale radicale vocalique et ceux à
liquide ou à nasale n'est pas bornée au grec. On la constate :

a. — En sk., entre les racines à finales vocaliques déjà citées et
les racines à liquides qui présentent des formes verbales ou des
dérivés adjectifs en *î* (*kîrṇa; jîryati, tîryati; çîryati; sisîr-
ṣati, jihîrṣati; tîrthá, dhîra*, etc.).

En ce cas, *î* dérive en effet de *ai*, comme l'indique l'analogie des
dérivés correspondants (*mimîte, mîyate, mita; didhiṣati, de-
dhîyate*, etc.) des racines à finale *ái*. Or, toutes, ou à peu près
toutes les racines à liquides ont à côté d'elles des formes de ce
genre.

b. — En zend, où la prétendue épenthèse de *i* a lieu surtout dans
les formes se rattachant à des racines à finale vocalique et devant
une nasale, ou *r* [2].

c. — En gothique, où il est facile de prouver que, malgré l'opinion régnante, *ai* dans les formes comme *bairan, tairan*, etc.,
est primitif, et où on a le parallélisme vocalique, eu égard à δαίω,
καίω, etc., de *sai-an, bau-an, bnau-an, fai-an, lai-an, nai-an*
et *vai-an*.

Il me reste à rendre compte de la raison pour laquelle le vocalisme, généralement très affaibli dans les formes radicales qui ont
conservé l'état large, est resté relativement fort dans celles qui se
trouvent réduites à une finale vocalique ou terminées par une
nasale ou une liquide. Cette raison semble tenir au principe d'équi-

---

[1] Quand il a changé c'est toujours pour s'affaiblir, comme dans ψίω, auprès de ψαίω;
πτίσσω, auprès de πταίω, etc.

[2] Voir les exemples cités par Spiegel (*Vergl. Gramm der alter. Spr.*, p. 64). On
objectera que le phénomène en question paraît toujours détermine par la présence de
y, i ou *e* dans la partie finale du mot ou il se remarque. Il est probable que la con-
sonnance et l'influence *assimilatrice* ont contribué à maintenir l'*i* prétendu é, en-
thésé, mais elle n'ont pas suffi à le créer de toute pièce.

libre que j'ai essayé de définir dans la *Revue de linguistique*[1]. En vertu de ce principe, un son au sein d'un mot est d'autant plus atteint par l'usure que celui qui l'accompagne est plus épargné. Ainsi s'explique la différence phonétique qu'on remarque entre πταίω et πτίσσω venant vraisemblablement l'un à l'autre d'un anté-cédent *πταισσω.

Même phénomène de conservation vocalique devant une liquide ou une nasale, tant parce que les racines terminées par ces lettres proviennent toujours d'un état plus large, que parce que *r* et *n* sont légères entre toutes les consonnes, comme le montre la ca-ducité particulière de celle-ci[2] et la facilité avec laquelle celle-là se prête aux métathèses, ou se vocalise en sanskrit[3].

Dans tous les cas, on peut poser en fait *qu'en général devant les liquides, les nasales et ϝ, l'état fort vocalique exprimé par les diphthongues* αι, ει, *correspond à un état faible qui résulte de l'élimination de* ι, *et qui est représenté, par, conséquent, par* α *ou* ε.

IV

Nous étudierons maintenant comment a pu s'effectuer la réduc-tion des racines à l'état large, particulièrement en sanskrit et en grec.

Un premier point à établir c'est que le rapport de

δίδωμι, avec *dadâmi*,

τίθημι, — *dadhâmi*,

ἵστημι — *tisthâmi*,

montre, qu'au moins dans certains cas, la réduction est proethnique.

En second lieu, de nombreux indices témoignent de la réduction également proethnique[4] d'un groupe *ns* ou *ms*[5], soit à *n* ou *m*, soit à *s*.

---

[1] Nᵒ du 15 octobre 1884, p. 369.

[2] Ainsi que le changement en *anusvâra* en sanskrit.

[3] *r* est aussi tres caduc, comme on le voit par la prononciation actuelle de l'an-glais et par nos patois. Les exemples de sa chute proethnique paraissent innombrables.

[4] Attendu qu'on la constate, comme nous allons le voir, dans différents idiomes.

[5] Pour *nsh* ou *msk;* voir sur ce point ma brochure sur l'*Origine de la sifflante palatale en sanskrit* et l'*Annuaire de la Faculté des Lettres de Lyon,* 1884, fasc. 2.

Exemples pour le sanskrit :

dhānus, auprès de *dhanvan*, l'un et l'autre pour *dhānvams* ;
parus — *parvan* — *parvams* ;
ahas. — *ahan* — *ahams* ;

Rac. *an* — *as*, dans *asu* (cf. ἄσθμα, avec dentalisme de la gutturale comme dans *ât-ma*).

Rac. *hims*, auprès de *han* et de *jighâms* ;

— *jñâ* — *jan*, auprès de *jijñas*, γιγνώσκω, *nosco* ;
— *man*, *mnâ*, auprès de *mîmâms* et μιμνησκω[1] ;
— *dhan*, — *dhams* et θνήσκω ;
— *bhram* — *bhramç* et σφάλλω ;
— *çṛn-o-ti* — *çruš*
— désinence *us* (3 pers. plur. du parfait) auprès de *an*, pour *ams* [2], etc.

Exemples pour le grec [3] :

1° La déclinaison des comparatifs en ιων rapprochée de celles des comparatifs sanskrits en *iyams*, et de celles des comparatifs latins en *ior (ios)* [4].

2° Βαίνω, auprès de la forme βασκ- de la même racine, des dérivés βέβασμαι, βασμός, du thème sk. *gacch*, pour *gamcch*, *gamsk*, aor. *agamsît*.

3° Ξαίνω, auprès de ἔξασμαι, ξάσμα, etc. ; des rac. sanskrites *ças* et *çâs* pour *çams*, cf. aussi ξέννος, pour *ξενσος* [5].

4° Τείνω, auprès de στέννος, pour *στενσος* et de l'aor. sanskrit *atamsît* ; rapprocher aussi τιταίνω de la rac. désidérat. *titams*.

---

[1] Ce rapprochement et le précédent prouvent l'antériorité, au moins pour ces exemples, des formes désidératives sur les formes simples.

[2] Cf. ουσι.

[3] Cf. G. Meyer, *Gr. Gramm.* § 274.

[4] Cf. *Annuaire de la Faculté des Lettres de Lyon*, 1884, fasc. 2.

[5] La variante -ξενϝος, attestée par les inscriptions, est très probablement pour ξενσϝος. — Même assimilation (à rapprocher de celle de ρσ en ρρ) dans : ζώννυμι, pour *ζωνσυμι, cf. ἔζωσμαι, ἐζώσθην, ζωστήρ et surtout zend *yaoñh* ; ἕννυμι, pour *ἑνσυμι, cf. zend *vañh* et ἑανός, pour *ἑανσος ; κτίννυμι, pour *κτινσυμι, cf. κτείνω pour *κτεινσω, et ξέννος ; ῥώννυμι, pour *ῥωνσυμι, cf. ἔρρωσμαι, ἐρρώσθην, etc., et sk. *ruh*, pour *runsgh* ; χρώννυμι, pour *χρωνσυμι, cf. κεχρωμσαι, ἐχρώσθην et sk. *ghramsa* (rac. *gharš*, briller), etc. Toutefois, l'absence de cette assimilation entre la finale d'un préfixe et l'initiale du mot qui l'accompagne la fait remonter aux très anciennes périodes de la langue.

5° Φαίνω, auprès de πέφασμαι, φάσμα, etc., et de la rac. sanskrite, *bhás*, pour *bhâṃs*, cf. *bhâna*, très vraisemblablement pour *bhâṃsa.*,

. 6° Χραίνω, auprès de κέχρασμαι et du sanskrit *ghraṃsa*, qui ramène à une racine *ghraṃs; ghars*, signifiant briller, brûler; faire éprouver de la douleur, frotter, blesser, écorcher, etc. Les deux significations extrêmes, faire briller; peindre, colorer et rayer; écorcher, ont été conservées par χραίνω.

7° Les aoristes des verbes à nasales comme ἔνειμα, pour *ἔνειμσα, ἔτεινα, pour *ἔτεινσα, etc.

8° Les variantes de la préposition ἐν : εἰνι, ἐνς, εἰς, ἐς. ═ πέρας, et πέραν, etc.

Exemples pour le latin.

Tremo, pour *tremso*, auprès du sk. *tras-ati* et du gr. τρέω.

Premo, pour *premso*, auprès de *pressus*, de *plango* du gr. πλήσσω, pour *πλῆνσκω, et peut-être du sk. *prñc = prnsk*[1].

Fremo, pour *fremso*, auprès du sk. *brṃh=brṃzgh*, crier et du gr. φράζω[2].

Ces exemples nous autorisent à considérer, tous les verbes grecs et sanskrits dont la racine est terminée par une nasale, et tous les verbes sanskrits de la 5ᵉ classe, de la 8ᵉ et de la 9ᵉ, comme syncopés de formes plus larges terminées par *s* représentant un ancien groupe *sk⁼ks*.

Il nous reste à examiner comment cette nasale finale a pu tomber pour donner naissance aux racines à finales vocaliques ou à diphthongues; c'est-à-dire comment la variante sanskrite *bhân*, par exemple (conservée dans *bhâna*), de la rac. *bhâs*, primitivement *bhâms*, cf. φάσκω) a pu se réduire à *bhâ* dans *bhâti*.

---

[1] Une remarque importante à ajouter à ce qui vient d'être dit, c'est qu'étant admis que σσ est une variante affaiblie de ξ (Voir les *Origines de la sifflante palatale en sanskrit*) et que les futurs en σω et les aoristes en σα des verbes à finale radicale vocalique ne peuvent être que pour σσω, σσα, il y a parallelisme parfait entre κλείσω, pour *κλεισσω, ἔκλεισα pour *ἔκλεισσα et le sanskrit *çlekšyati* et *açlekšat* (Cf. *karkšyati, akr̥kšat, tokšyati, atvikšat, pekšyámi, vekšyati, avikšat, jakšus* (rac. *ghas*). C'est-à-dire que le prétendu renforcement du consonnantisme final du futur, et souvent de l'aoriste, des verbes sanskrits à sifflante (qui n'est en réalité qu'une forme archaïque du theme) a son pendant exact en grec.

[2] Citons encore *formosus*, pour *formonsus, centies*, pour *centiens*, etc.

En ce qui concerne le sk., c'est un fait constant que la chute de *u* devant une autre consonne est un des caractères de l'affaiblissement. On peut en citer comme exemples la disparition de la nasale : 1°, aux cas faibles des thèmes à nasales ; 2°, aux cas forts eux-mêmes des part. présents des verbes de la 3ᵉ classe *(dadat)*; 3°, au féminin des part. présents de la 2ᵉ grande conjugaison générale *(adatî, juhvatî*, etc.) ; 4°, à la 3ᵉ pers. plur. du prés. de l'ind. actif des verbes de la 5ᵉ classe *(dadati)*, et à la même personne du moyen des verbes de la seconde grande conjugaison générale ; 5°, aux temps spéciaux des verbes de la 7ᵉ classe; 6°, aux part. passés et à l'absolutif des verbes de la 8ᵉ classe *(tata, mata, matvâ, kśata)*.

Or, les verbes sanskrits dont la racine est terminée par une voyelle peuvent se diviser en cinq catégories, qui sont les suivantes :

1° Ceux de la 5ᵉ classe, comme *çṛṇoti*, et ceux de la 9ᵉ, comme *kṛiṇâti*, qui perdent la nasale aux temps spéciaux comme les verbes de la 7ᵉ cl. et en vertu de la même règle.

2° Ceux de la 3ᵉ classe, comme *dadâti* et *juhoti* [1], où la nasale s'est perdue comme au part. présent et aux autres formes nasalisées de la même classe, et pour les mêmes raisons (le redoublement [2].)

3° Cinq ou six verbes comme *tâuti, râuti*, formes qui paraissent correspondre à des variantes perdues *tan(a)vti* ou *tanoti, ran(a)vti* ou *ranoti* [3].

4° Des formes verbales comme *kśe-ti, kśaya-ti*, auprès de *kśîṇâti, kśîṇoti*, — *dhayati* [4], auprès de *dhinoti*, etc., où la conservation de l'état fort ou large du vocalisme radical paraît avoir déterminé la chute de la nasale.

5° Les racines en *yâ* qui présentent une alternative analogue, si l'on compare *khyâti* et *jinâti*.

---

[1] Parfois les deux formes coexistent : *çiçâṃsati* et *çiçâti* ; cf. les variantes *bhânti, bhâtî* du part. présent féminin.

[2] Remarquer que la plupart des racines de ce genre terminées par *â* ont des dérivés substantifs en *ana : dâna, pâna, sthâna*, etc.

[3] Cf. *tavîti, ravîti* et rac. *ran*, faire du bruit.

[4] Les variantes *sanyât, sâyât; sanyate, sâyate; tanyate, tûyate* en prouvant que *n* peut tomber devant *y* rendent difficile l'analyse de ces formes. Il paraît vraisemblable pourtant que *dhayati* est pour *dhaian-ti, dhaian(a)ti*.

Si l'on rapproche ces faits de ce qui précède, il en résulte à la fois la possibilité et la preuve de la réduction des racines examinées.

En ce qui concerne le grec, il y a plusieurs distinctions à établir.

1° Pour τίθημι, δίδωμι, etc., la réduction est proethnique et s'est effectuée comme en sk. par la perte successive de s et de n.

2° Pour δέω, γεύω, κλείω, κλύω, τρείω, etc., la perte de la nasale est peut être proethnique, du moins dans certains cas [1]; quant à la sifflante, elle a dû se perdre dans le grec même et en vertu de la loi de la chute de cette lettre entre deux voyelles.

3° Pour γαίω, καίω, πλείω, χείω, bien que la réduction soit certaine, le processus en est hypothétique. D'abord elle a dû s'effectuer d'une manière indépendante et particulière au grec. C'est ce que prouve, d'une part, le rapprochement de *plavate*, πλεῖ, *fluit* pour *flugvit*, *fluzgvit*; *juhoti*, χεῖ, *fundit*, etc.; de l'autre, celui de γαίω et de γεύω correspondant l'un et l'autre au sk. *juśâmi*.

Si comme nous avons cru pouvoir l'établir ci-dessus, le terme d'arrivée de la racine est γαιϝ, καιϝ, πλειϝ, χειϝ, et le point de départ γαιϝενσ, καιϝενσ, πλειϝενσ, χειϝενσ, il ne peut qu'y avoir eu successivement chute de la nasale, chute de la sifflante entre deux voyelles, contraction de εω en ω d'où γαιϝω, καιϝω, πλειϝω, χειϝω [2]. Reste à savoir si à l'époque lointaine où ces modifications ont eu lieu εω a pu donner ω sans modifier l'accentuation. Le futur χέω auprès de χεῶ semble appuyer l'affirmative; mais il reste toujours là un point d'interrogation.

Un dernier point nécessite des explications, c'est celui du rapport de *fundo* avec *juhomi* et χέω, et généralement des verbes latins en *ndo* et des verbes grecs en ζω avec leurs correspondants réduits à une partie radicale terminée par une voyelle.

Je pose en fait tout d'abord : 1° que le groupe primitif *sk*, *skh* métathésé ou non en *kś* s'est dentalisé dans un très grand nombre de cas durant la période proethnique; 2° que le ζ = τσ des verbes en ζω est le représentant dentalisé de ξ et du groupe σσ = *kś*.

Un exemple des plus probants de la transformation et de la cor-

---

[1] *Tremo* auprès le τρέω, laisse, en effet, de grands doutes à cet égard.

[2] Rien de plus facile que de se rendre compte de la réduction de ζέννυμι, pour * ζενσυμι, en ζέω, par la chute successive de la nasale et de la sifflante. C'est seulement dans les cas où il y a à tenir compte d'un digamma que le processus est moins clair.

respondance en question résulte du rapprochement que j'ai déjà fait ailleurs des rac. sk. *piś* (pour *spikś*), et *pid* (pour *spizd* où *spidz*) avec πτίσσω, pour *σπιξω, et πιέζω, pour *σπιετσω [1]; cf. aussi latin *pinso*, pour *pinkso*.

Souvent le dentalisme a eu lieu sans métathèse, ou bien la sifflante est tombée.

Exemples : ἐσθίω, ἔδω, auprès du lat. *esco* ; ἔπαθον et lat. *patior*, auprès de πάσχω, etc.

Cette série de phénomènes, qu'on peut appuyer encore et surtout sur le rapport des verbes grecs en ζω et en σσω, a d'ailleurs ses analogues dans toutes les branches de la famille.

Citons, pour le sanskrit. :

Rac. *ǧuh* (*guzgh*), auprès de *gadh*, cf. κεύθω, lat. *cust-*, zend *guz*.

Rac. *grah* (*grazgh*) auprès de *granth* et de *gârdh*, le zend *garefsh* correspondant, à la forme labialisée *grabh*, témoigne de l'existence de la sifflante [2].

Rac. *ruh*, auprès de *rudh* (pour *ruzgh*), cf. ῥώννυμι, pour *ῥωνσκ.

Rac, *çuś* (pour *cukś*) cf. *çuška*, brûler, sécher, et *çuc* éclairer, briller, brûler, auprès de *çundh*, *çudh*, éclaircir, faire briller. Il y a aussi une forme labialisée *çumbh*, *çubh*.

Pour le zend, voir les exemples cités par Spiegel, *Gramm. der älteran. Spr.*, p. 25 et 29.

En ce qui regarde les anciens dialectes allemands, se rattachent aux mêmes faits les formes comme :

An. h. all. *sliuzu* [3], auprès du sk. *çliš* et de κλείζω, pour *κλειτσω.

— *fliuzu* —. du sk. *pluš* et du lat. *fluxus*, mais aussi du goth. *flodus*.

An. h. all. *kiuzu*, auprès du lat. *fusus*, mais aussi du goth. *giuta*.

An. h. all., *sizzu*, auprès du grec ἕζομαι, pour *ἐδσομαι, du lith. *sedzu*, mais aussi du goth. *sita*, où il est impossible de considérer

---

[1] Devant une autre consonne, ζ perd l'élément sifflant ou assimile τσ en σσ, σ ; ainsi s'explique φραστός, auprès de φράδμων; ἴσμη, auprès de ἴδμων, ἴσμεν; auprès de οἶδα (cf. εἴσκω), etc.

[2] Cf. aussi la forme sanskrite *aghr̥kšata*.

[3] L'état fort du vocalisme montre que κλείζω n'est pas pour *κλειδ-jω. On ne saurait objecter du reste que ce verbe est récent; le sanskrit *çliš*, le h. all. *sliuzu*. etc., démontrent le contraire.

le z[1] comme le résultat de l'assibilation pure et simple d'une dentale suivie ou non de *j*.

En latin :

Viso = *visso*, auprès de ἴσμεν, ἴσημι, εἴσχω, mais aussi de *video*.

Grassor, auprès de *gradior* et du sk. *kram*, pour *krañkš*, cf. les formes *akramsta*, *krāmsate*, etc.

Pour les langues slaves, les exemples sont innombrables et sur ce point je me bornerai à renvoyer à Schleicher, *Compendium*, p. 310, et surtout à Miklosich, *Vergl. Gramm. d. slav. Spr.*, I, 237, seqq[2].

Nous remarquerons en outre que tous les verbes sanskrits de la 7e classe terminés par une dentale, ainsi que leurs correspondants latin en *nd* ont subi la même métamorphose. C'est ce qui résulte à la fois de l'étymologie, et de l'examen phonétique des part. passés latins se rattachant à ces verbes.

La famille, par exemple, à laquelle se rattache le latin *scindo* et le sk. *cchid* = *skhid*, couper, briser, diviser, détruire est très nombreuse.

Les formes qui ont conservé des traces de l'ancienne gutturale finale sont :

En sk. *ças* (pour *skankš*) couper, *han* briser, frapper, tuer (pour *hams*) et *hims*; en gr. χτείνω et χτίννυμι, pour *σχινσ-, *σχινχσ-;

---

[1] Équivalent de *ts*. Grimm, *Deutsche Gramm.*, I.

[2] Le processus général est indiqué par le rapport des rac. indo européennes ειζχ- (dans le grec εἴσχω), *ikš* (dans le sanskrit *ikšati*) avec les formes dentalisées correspondantes, primitivement *vist* et *vits* (en ce qui regarde l'initiale la forme primitive à gutturale est *visk*, *vikš*; ὀφθάλμος, *oculus*, etc, supposent, en effet, des antecédents radicaux *usk, ausk*; *vusk, vaush*; *vukš, vaukš* attestés d'ailleurs par la rac. sanskrite *uš, vas, ucchati*; cf. aussi anc. h. all. *vizzen*; anc. sl. *veidz* —). Dans la forme non métathésée, l'adoucissement à peu pres régulier du *t* comme elément final de la racine (il n'y a guère en sanskrit que les rac. *cit, pat, yat*, parmi celles qui sont d'un usage un peu fréquent qui n'aient pas adouci cette finale) a entraîné en sk., en gr., en lat et dans les dialectes germaniques, c'est à-dire dans toutes les branches de la famille qui n'ont pas conservé ou développé la sifflante douce *z*, la chute de la sifflante forte *s*. Avec la métathese anterieure à l'adoucissement de *t* en *d* le groupe a pu se maintenir. C'est ce qui a eu lieu surtout en grec (σχίζω = *σχιτσω), où il convient pourtant de tenir compte du σδ dorien = ζ, et dans les dialectes germaniques (*sliuzu* = *sliutsu). En zend, au contraire (*mazdao*, etc. et dans les langues slaves (*veizd.*, etc.) la sifflante *s* en s'adoucissant en *z*, a pu se maintenir sans qu'il y ait métathese.

en lat. *seco*, pour *sceco*, *scisco*, dans *de-scisco* et *hisco*. Le
dentalisme apparaît, en gardant la trace de la sifflante, dans
σχίζω et σχάζω, lat. *cast-ro*, lith. *scedzu*, et sans la garder, dans
sk. *kšat*, *kšad*, *çad*, *khid* ou *skhid*, *cchid*, latin *scindo*, *caedo*,
goth. *skaidan*. Enfin la nasale est devenue finale par la perte entière
du groupe à gutturale ou de ses substituts, dans sk. *han*, *kšan*,
khan, *kšin*, gr. ξαίνω, κτείνω, χαίνω.[2]

Si nous passons à l'étude des participes passés latins, comme
scissus, nous arriverons à une conclusion en harmonie avec celle
qui se déduit des rapprochements qui précèdent.

Scissus est, dit-on, pour *scid-tus* par assibilation ou dissimilation de *d* devant *t*. C'est une explication véritablement désespérée;
on aurait, en effet, dans l'hypothèse admise, un phénomène en
contradiction absolue avec le principe général de l'influence réciproque des sons les uns sur les autres, à savoir l'assimilation.
A priori, l'explication est donc inacceptable; nous ne pourrons
plus en douter d'ailleurs en présence de celle qu'impose la
coordination des faits que nous examinons. Le grec σχίζω et le
lith. *scidzu* montrent que *scindo* est pour *scindzo* ou *scinzdo* (il
est difficile d'affirmer si la métathèse a eu lieu ou non au présent).
Le participe passé présentant toujours la métathèse en pareil
cas [3] devait être à l'origine *scids-tus* (cf., σχιστός, pour *σχιτσ-τος*).
Mais des exemples sûrs montrent que le *t* du suffixe du part. passé
(et même de tout suffixe commençant par cette lettre) tombe généralement en latin à la suite d'un groupe de consonnes. C'est
ainsi qu'on a *fixus*, pour *fix-tus* (auprès de *fictus* où le groupe
s'étant simplifié le *t* du suffixe est resté); *lapsus*, pour *laps-tus*,
cf. *cap-tus*, et, dans la série même des verbes dont nous nous
occupons, *gressus*, pour *greds-tus*, auprès de *grettus*[4].

---

[1] En font partie σάω, σήθω(Curt., *Grund*[5], 379, cribler (diviser), et lat. *sero* semer
(séparer) pour *seso*, *seivgo* (*sēvi* = *seivgi*, cf. con-*siv-a* et voir ci-dessus, p. 28),
goth. *sai-an*.

[2] Le sanskrit est allé plus loin encore dans la voie de l'usure dans *cchd*, *çd*, *çi*,
kši, aux temps généraux de *kšin*, et le gr. dans χείω, ξέω, ξύω.

[3] Voir les *Origines de la sifflante palata'e en sanskrit* et *Revue de Linguistique*, n° du 15 juillet 1884, p. 262 seqq.

[4] Cf. aussi *mersus*, etc., pour *mers-tus*, *merx-tus*, et v. *Revue de Linguistique*
au passage cité.

Scissus est donc pour **scids-tus* et ne peut être que pour cette forme primitive qui trouve du reste un précieux appui dans σχίζω et le lith. *scidzu* [1].

Fundo, pour **funzdo*, suppose donc, auprès des antécédents *hunsh* du sk. *hu*, et *χεϜνσκ de χέω, une variante proethnique **skhunst*, **skhunts*, en grec: σχυνζω, σχυζω. La première a d'ailleurs abouti en sk. à la rac. *çcut, çyut* [2], *cyut;* et la seconde paraît être représentée en grec par κλύζω et φλύζω (à condition pourtant qu'on admette qu'à l'origine toutes les racines possédaient à la fois une liquide et une nasale internes, ce que beaucoup de faits semblent indiquer.)

Nous terminerons en constatant que le rapport de κτείνω, ξαίνω, pour *σκαινσκω, avec σχάζω, σχίζω, *scindo*, pour **scinzdo*, **scinzgo*, **scinxo*, nous met sur la voie de celui qui existe entre les suffixes sanskrits *ams* et *ant*, l'un et l'autre pour *amska* [3].

Ce rapport est d'ailleurs exactement le même qu'on remarque au double point de vue phonétique et morphologique dans :

Rac. βαθ (= βανθ), dans βαθμός, (lat. *baet-ere*) auprès de βαιν (= βαινσ), βασκ = βανσκ, cf. sk. *gacch* = *gamskh*.

Rac. μανθ (dans μανθάνω) [4], auprès de *mâms*, dans *mîmâms* et μηνσκ dans μιμνήσκω.

Rac. χανδ (dans χανδάνω), auprès de χαίνω (χαινσ) [5], χάσκω, *hisco*.

Rac. *rudh*, auprès de ῥώννυμι, (rac. ρωνσ) et rac. *ruh* = **ruzgh*.

Rac. πενθ (dans πενθός), auprès de πάσχω.

Rac. ασθ, dans ἀσθ-μα, *ât*, dans sk. *ât-man*, αὐτμήν, ἀτ-μός,

---

[1] Pour lequel, bien entendu, je considère comme inadmissible l'explication courante qui fait venir en pareil cas le σ d'un ς susceptible de se métathéser avec une consonne, comme dans *veizd = veidj* (!). — L'assibilation de τ en grec devant ι etant très problématique, il est probable que la même explication doit s'appliquer à βασίς (pour * βαδσ-τις, cf. le fut. σχίσω pour * σχιδσω); à ταξίς (pour * ταξ-τις; cf. ἐπαλξίς, pour *ἐπαλξ-τις); à κλεψίς (pour *κλεψ-τις) et en général à tous les substantifs en σις. C'est la seule explication du reste qui puisse rendre compte de formes comme φυστίς auprès de φυσίς, etc.

[2] Le goth *giuta* dérive également de cette variante.

[3] Et non pour *antska*, comme j'avais cru pouvoir le dire dans l'*Annuaire de la Faculté des Lettres de Lyon*, 1884, fasc., 2. — En ce qui concerne les part. grecs, il est à remarquer que le type *ams*, au moins comme finale du nom. masc., a prévalu avec les redoublements : λελυκώς, διδούς, τιθείς, ἱστάς.

[4] Cf. μῦθος.

[5] Cf. *han; hims*, sens actif.

auprès de *an* (= *ans*) dans sk. *âna*, ἄν-εμος, lat. *an-imus* et *as* dans sk. *as-u*.

Lat. *tendo (tenzd = tensk)*, auprès de *teneo (tens)*, cf. *premo, tremo)*.

Lat. *claudo (*clauzdo, *clausko)* κλειζ-, auprès du sk. *çliš* et de l'anc. h. all. *sliuzu*, (thème primitif *skla(i)v*), etc.

REMARQUES

SUR LES SUBSTANTIFS GRECS EN αρ

L'examen des mots grecs terminés par αρ, dans leurs rapports
avec les formes correspondantes des autres idiomes de la famille,
permet d'arriver à d'intéressantes conclusions sur le rhotacisme,
proethnique de *s*, la date d'origine, au moins dans certains cas,
du *r* sanskrit, et les antécédents du ς final qui a donné naissance
au ρ. C'est à ces différents points de vue que nous voudrions
les étudier.

I

Si l'on admet, ce que je crois indiscutable, quoiqu'on ait parfois
interprété les faits autrement en ce qui regarde le sanskrit, que
dans cet idiome, ainsi qu'en grec et en latin, *r* peut être une modification (par adoucissement) de *s*, sans que l'inverse ait jamais lieu,
on est autorisé à voir des rhotacismes, sinon proethniques, du
moins parallèles, dans :

Οὖθαρ[1] et *ûber*, auprès des formes sanskrites *ûdhan*, *ûdhas*,
ûdhar, pour **ûdhams*[2].

---

[1] Le génitif οὔθατος ne saurait être pour *οὔθαρτος, comme on a pris l'habitude
de le dire d'après M. Curtius ; καρτός, ὄμαρτος, etc. démontrent qu'en grec ρ ne
tombe pas en pareil cas. L'analogie des formes en ας (qui ne diffèrent de celles en
αρ qu'en ce qu'elles n'ont pas subi le rhotacisme), comme κέρας, κέρατος pour
*κερανστος, *κεραντος (la nasale figure encore dans le sk. *çṛṅga*), et κέρκος pour
*κερασος, fait voir, au contraire, que οὔθατος est pour *οὔθανστος, *οὔθαντος.

[2] Voir ci-dessus, p. 33. — On ne manquera pas d'objecter à cette restitution le fameux
principe qu'un « même son, placé dans les mêmes conditions, ne peut donner dans un
même dialecte deux produits différents » ; comme si un argument d'école pouvait
prévaloir sur le témoignage des faits, et si la différence de moment ou de position
devant l'initiale d'un mot suivant, etc., ne changeait pas les conditions.

Ἔαρ (ἔαρος), printemps, pour ϝε(σ)ἄ(ν)σ(τ) et lat. *vêr* (*veris*), pour *vese(n)s(i)*, *ves(e)s*, auprès du sk. *vasantá*, pour *vāsansla*[1].

Ἧπαρ, ἥπατος, pour ἥπα(ν)σ(τ), ἥπα(νσ)τος et sk. *yákṛt*, *yakán*, *yakas*, pour *yakanst*[2], auprès du lat. *jecur*, *jecinoris*, thème *jˣcˣnˣst*[3], pour *jecus*, comme le prouve *jecusculum*.

Σκῶρ, σκατος (cette dernière forme pour *σκˣρκανστος*, comme *çákṛt*, *çakán*, *çakas*, est pour *çarkanst = *skarkanst*), auprès du lat. *stercus* (*stercoris*), thème *stercˣnst* pour *skerkˣnst*.

Πῖαρ=πῖϝαρ, pour πῖϝανστ, auprès du sk. *pîvas*, *pîvaṃs* et du zend *pîvanh*; πίων (cf. sk. *pîvân*, nom. masc. sing.) est de même pour πιϝωνστ[4].

D'après l'analogie des doublets *ûdhan*, *ûdhas*; *ahan*, *âhas*; πέραν, πεῖρας, πεῖραρ, etc., nous sommes autorisés également à voir un rhotacisme dans:

Ἔαρ, sang, auprès du sk. *asan*, *asrā*, pour *āsar*[5], *asas* (?) et *asṛj*. — Thème commun *asansk*; cf. lat. *sanguis* pour *asanz-*guis* (?).

---

[1] Cf. aussi anc. sl. *vesna*.

[2] C'est seulement l'analogie des formes grecques et latines correspondantes et la vraisemblance de la restitution d'un thème *yakanst* qui permettent de croire que le ρ de *yakṛt* (comme celui de *çakṛt* et de *asṛj*) provient d'un *s* adouci. Aussi, sur ce point particulier prétendons nous plutôt ouvrir la question que la résoudre.

[3] Le vocalisme de ce thème étant incertain, nous en représentons par *x* les différents termes.

[4] Il est vraisemblable que les féminins *pîvarî* et πίειρα ont été formés sur des variantes masculines *pîvar*, *πιειρ où la finale avait déjà subi le rhotacisme. Cf. μεγαλο-, μέγαλη pour *μεγαρο-, *μεγαρη, issus, selon toute apparence, de μεγαρ = μέγας, pour *μεγανστ (sk. *mahant* pour *mahanst*). De même ὀφθαλμός, auprès du sk. *akšan* et du lith. *akis*, indique un primitif *ὀφθαρ, *ὀφθας, où φθ est une variante labialisée de χθ = χσ.

Nous remarquerons en outre que μέγας : *magnus* :: ὕπαρ : *svapna*, ὕπνος, *somnum*; d'où l'on peut conclure que *magnus* est pour un proethnique *maghansta, et *svapna* pour *svapansta*; l'un et l'autre sont d'anciens participes présents. Le sk. *antara* aurait été formé de la même façon auprès de *antas*, *antar*, à moins d'admettre la possibilité d'un ancien rhotacisme pour le *s* entre deux voyelles comme en latin. Dans certains dialectes grecs (surtout le crétois) les exemples de rhotacisme interne ne sont pas rares. Un des plus intéressants est la formes τρέ = σέ, d'après Hésychius. τρέ est évidemment pour τσέ, venant de στέ, (cf. lat. *iste*; cf. aussi les thèmes σφε, ψε et *pse* ou *pte* dans *ipse*, *mepte*, etc.), ce qui explique les variantes σέ et τέ, σύ et τύ de certains cas du pronom de la seconde personne.

[5] Cf. le thème gr. ὕδρο- = ὕδωρ, ὕδος. Il semble bien qu'il faille voir le même phénomène dans le sk. *usrá*, matinal, pour *usar*, auprès de *ušás*, et dans d'autres formes analogues.

Εἶδαρ et ἔδαρ (ἔδατος) auprès du sk. *adat, adas* — ; thème commun *adanst*.

Ὕδωρ (ὕδατος); ὑδρο- en composition, auprès de ὕδος et du sk. *udán*; thème ὑδανστ.

Ἧμαρ (ἤματος), auprès du sk. *uśmán* et *uśmán*; thème ἡμανστ.

Δάμαρ (δάμαρτος). Le latin *dominus, domina* permet de restituer un thème sk. *dáman* = proeth. *damanst*. Peut-être le sk. *dárá* est-il pour *dámrá* = *dámar, *dámas; δάμαρ est la seule forme de la série qui ait conservé le ς rhotacisé aux cas autres que le nominatif singulier.

Parmi les autres mots en αρ, comme τέχμαρ, φρέαρ, etc., il n'en est qu'un dans lequel les formes correspondantes des autres idiomes paraissent interdire de voir un rhotacisme, c'est κέαρ, (κέατος), κῆρ (κῆρος)[1], auprès du sk. *hṛd, hṛdaya*, du lat. *cor, (cordis)*, etc. On ne peut que poser un point d'interrogation en se demandant si *hṛd* serait à ranger à l'analyse de *yakṛt, cakṛt, asṛj*, et *cor, cordis* à celle de δάμαρ, δάμαρτος[2].

Quoi qu'il en soit, c'est probablement par un rhotacisme très ancien que beaucoup d'autres faits obscurs trouveront leur explication. Qu'il me suffise, pour l'instant d'indiquer la variante της du suffixe des noms d'agents, auprès de τηρ, τωρ; ainsi que certaines formes dans la déclinaison sanskrite des mêmes suffixes, comme le voc. sing. *pitas*, le gén. dat., sing. *pitus* et le nom. *pitá*, plutôt pour *pitáṃs* que pour *pitárs*.

II

La comparaison de οὖθαρ, οὖθατος, avec *údhar* et de ἧπαρ, ἤπατος avec *yakṛt* montre, abstraction faite en ce qui regarde le premier point de la question du rhotacisme :

1° Qu'à οὖθαρ pourrait correspondre une forme sanskrite *údhṛt*,

---

[1] Ce génitif et tous les analogues comme ἔαρος ont été évidemment formés sur l'analogie du nomin. sing. Il est probable qu'il en est de même des formes comme κέραος, pour *κερασος, auprès de κέρατος.

[2] Même observation sur les formes correspondantes des autres idiomes congénères; autrement dit, le rhotacisme, si rhotacisme il y a, serait proethnique.

comme à ἧπαρ, une forme *yakar, et par conséquent que l'affaiblissement de ar en r est un phénomène particulier au sanskrit et intimement coordonné avec la conservation du *t* final.

2° Que, d'ailleurs, l'α de οὔθατος ne saurait être le résultat du développement de la prétendue liquide sonnante, puisque, d'après les lois phonétiques du grec, ses antécédents ne peuvent être que *οὔθανστος, οὔθατος et non pas *οὔθαρτος, comme le veut M. Curtius.

3° Qu'on ne saurait parler davantage d'une nasale sonnante qui exigerait l'hypothèse absolument inadmissible d'un antécédent *οὔθνστος, d'où *οὔθανστός,

Le parallélisme de τέκμαρ, τέκμωρ, *ὔδαρ, ὔδωρ, etc.. auquel on peut comparer celui de δώτηρ, δώτωρ, etc., est la preuve que la finale αρ, probablement pour un plus ancien ᾶρ [1], ne représente pas nécessairement un état faible. La même preuve ressort des formes comme ὄνειρος, auprès de ὄναρ, φρέατα, auprès de φρέαρ, auxquelles on peut ajouter τεκμαίρω auprès de τέκμαρ, etc.

Enfin, si on objecte que le latin ne présente jamais un *a* en pareille circonstance en regard de l'α grec : οὔθαρ, *uber*, etc., il est facile de répondre que l'écart même des deux formes comparées sur d'autres points, est une preuve de la possibilité de la différence vocalique en question. La distance de ἧπαρ à *jecur* justifie encore avec plus d'éloquence la même conclusion [2]. Du reste, l'α grec s'est lui-même affaibli en ε dans un assez grand nombre de cas où le ρ ne reste pas final, et où le poids de la voyelle qui le suit a fait en quelque sorte fléchir le diapason de celle qui le précède. Exemples : ἡμέρα, auprès de ἧμαρ; ὔδερος, auprès de ὑδαρός; πιερός, auprès de πῖαρ et de πιαρός [3], etc.

De ces différentes remarques, nous pouvons conclure en toute assurance que la finale αρ des mots appartenant à la série que nous venons d'examiner ne correspond pas au r sk., et que ce son s'y est développé postérieurement à la séparation des idiomes.

---

[1] Cet etat est attesté par τεκμήριον, auprès de τέκμαρ.

[2] Cf. surtout la désinence latine *ur* à la désinence gr. ωρ, où l'affaiblissement latin est encore plus considérable que dans *er* auprès de αρ.

[3] Nous avons déjà vu qu'on ne peut pas séparer la désinence ας dans γέρας de la désinence αρ dans οὔθαρ. Dira-t-on que l'α de cette première forme n'est pas organique et primitif?

III

Quelle est l'origine du ς rhotacisé des formes comme οὖθαρ ou des
neutres en ας comme κρέας? Cette finale ne saurait être considérée
comme une désinence casuelle dont l'absence est la caractéristique
du neutre dans toutes les branches de la famille? Impossible également d'y voir le substitut du τ des cas obliques; le τ final ne s'assi-
bilant pas, mais tombant toujours, le ς en question ne peut donc être
que thématique et primitif à titre de membre d'un groupe ντ qui
n'est jamais resté intact en grec, non plus d'ailleurs qu'en sanskrit. Οὖθαρ est-il donc pour *ουθανστ et κρέας pour *κρεανστ? Ce serait
possible au point de vue des lois phonétiques du grec qui constituent
les neutres à l'état faible, de règle à ce genre pour les finales, par
là chute de la nasale ou de la sifflante d'un groupe final νσ et qui
font tomber tout τ qui termine un mot[1]. Toutefois, l'analogie des
neutres, comme *atrox*, *princeps*, des indéterminés quant au genre,
comme ἅρπαξ, et même des masculins, comme ἄναξ et des féminins,
comme ὄψ, d'où il est très douteux qu'il faille détacher une désinence casuelle ς, donne à croire que, de même que ξ et ψ représentent en pareil cas les groupes σκ et σπ dont les éléments réduits à
l'intérieur des formes à κ, π, se retrouvent intégralement, mais en
subissant une métathèse, comme partie finale des nominatifs sin-
guliers, qu'il en est ainsi du groupe στ, σδ, devenant ζ ou σ (ζ ne
restant jamais comme final) à la fin des mots. Le ς final des
substantifs et des participes παῖς, λαμπάς, κλείς, νεότης, ἐλπίς, ὄρνις,
πούς, κόρυς, ἔρως, λύσας, λυθείς,[2] λελυκώς, λελυκός, δεικνύς, etc., requiert

---

[1] Il est douteux pourtant que la finale μα des neutres, faisant ματος au génitif, soit
pour μ α τ. L'analogie du sk. indique plutôt la chute d'un ν, qui a vraisemblablement eu
lieu avec tous les neutres privés de la désinence dite casuelle (Cf. μέγα et πᾶν). Δόρυ,
δόρατος; γόνυ, γόνατος indiquent d'ailleurs pour les mots ayant le même génitif, c'est-
à-dire pour les séries οὖθαρ, φρέαρ, κρέας, etc., des formations avec le suffixe *vants*
vanst: δόρυ serait pour *δορυντ, *δορ^xϜ^xντ et φρέαρ, pour *φρεϜαντσ. Les désinence,
personnelles comme -εασι requierent vraisemblablement une même explication.

[2] Elle est confirmée, non seulement par les formes comme θέμιστος, gén. de θέμις,
mais surtout par les nombreux verbes en ζω (ou en σσω) coordonnés avec les substantifs
en ς. Exemples: θεμίζω, παίζω, λαμπάζω, κλαΐζω, κορύσσω; rapprocher aussi πέζα,
πεζός de πούς, etc.

la même explication [1]. Remarque analogue sur les substantifs et participes latins, comme *lapis, laus, palus, pes, aestas, lis, paries, pecus, sacerdos, vas, virtus, ars, mons, mors, pars, luens, dives*, etc.

[1] Les féminins en ασα, pour *ασσα, εισα, pour *εισσα, qui, étant donnée la relation des suffixes *an(s)t, ams(k)* (voir ci dessus p. 40) pourraient venir de *ακσα, *εικσα, comme je l'indiquais dans l'*Ann. de la Faculté des lettres de Lyon*, 1884, fasc. 2, semblent plutôt issus de *ants*, fem. *antsa*. Cf. *luens*, pour *luents, scissus* pour *scids-tus*, etc.; mais on a egalement ἄνασσα, auprés de ἄναξ, etc. — A l'analogie de tous ces faits se range l'explication des differentes formes ethniques et dialectiques du nom de nombre vingt et des adjectifs ordinaux qui en dépendent. Le sk. *vimçati*, le gr. (béot.) Ϝίκατι (cf. ἰκαντιν Hésych) le latin *viginti*, sont pour *vimçansti*, *Ϝικανστι, *viginsti*, comme le prouvent le zend *viçâstema* et le gr. εἰκοστ ός (le sk. *vimçati-tama* est evidemment une nouvelle formation). D'autre part, la forme grec εἴκοσι pour *εἰκοσσιν et le lat. *vicensi mus*, pour *vicenssi-mus* indiquent un groupe σσ, sş qui est dans le même rapport avec στ ou ζ = τσ que celui des verbes en σσω avec ceux en ζω (dor. σδω), ou des superlatifs latins en *issi mus* avec les suffixes sk. *iśtha* et *ta-ma* pour *sta-ma* (gr. ιστος). De toute autre maniere, on rencontre des difficultés insurmontables dont la moindre n'est pas la nécessite d'admettre l'hypothese de la dissimilation du groupe *tt* en *st*, incompatible, on ne saurait trop le redire, avec toute synthèse scientifique en matiere d'histoire des sons.

SUR LE MODE D'AFFAIBLISSEMENT

DES RACINES EN *au-u; ai-i*

La comparaison des formes sk. *bhujati*, gr. φεύγω, lat, *fugo* et *fugio* (parf. *fûgi*), goth. *biuga;* sk. *riṇakti* (parf. *rireca*); gr. λείπω (parf. λέλοιπα); lat. *linquo* (parf. *liqui*); goth. *leihvan*, lith. *lëku*, anc. irl. *lécim*, ne permet pas de décider d'une manière sûre comment s'est effectué le passage de la forme forte à la forme faible, à supposer, ce qui est extrêmement vraisemblable, que celle-ci provienne de celle-la. On voit bien que φεύγω et λείπω possèdent un élément vocalique ε qui fait défaut aux formes faibles, ou affaiblies, correspondantes; mais ce n'est qu'à un point de vue tout pratique, je dirais volontiers tout optique, et seulement pour certains cas, qu'on peut formuler une loi en disant que la transition se fait par le rejet de la voyelle en question. Rien n'est moins sûr, au contraire, que d'attribuer à cette formule une valeur historique réelle.

D'après les analogies générales, il est beaucoup plus vraisemblable que l'*u* de *bhujati* est issu par un affaiblissement direct de l'*o* de *bhoga* que de l'*au* indo-européen, antécédent probable de l'*o* en question.

Même observation en ce qui concerne l'*i* de *riṇakti* et de *linquo*, auprès de l'*e* de *rireca* et de l'ει de λείπω.

Mais on peut serrer la question dans de plus étroites limites, en remarquant que l'*u* de *bhujami* et celui de *fugo* [1] auprès de la diphtongue de φεύγω, indique que les affaiblissements dont, il s'agit ont pu avoir lieu après la séparation des idiomes. Or, nous en connaissons la marche, au moins, par le latin, qui a fait *dîco* de *deico* et *dûco* de *douco* (dont l'équivalent grec serait très vrai-semblablement, δευκω.) Le fait consiste visiblement, non pas dans l'expulsion de la partie initiale de la diphthongue, mais dans un phénomène commun aux consonnes et aux voyelles contiguës, et qui n'est autre que l'*assimilation de cette partie initiale à celle qui vient après* [2]. C'est ainsi que l'*û* et l'*î* de *fûgi* et de *lîqui* ont dû prendre naissance auprès des antécédents qui sont communs à ces formes et à πέφευγα, *rirécā*, λέλοιπα [3].

Le sk. et le latin donnent, en même temps, matière à des obser-vations analogues, sur des formes comme *sthîv* et *spûtus*, *sîv* et *sûtus* remontant, comme nous l'avons vu, à *sthaiv*, *speutus*,

---

[1] Si on objecte que *fugo* et *fugio* sont des dérivés, on peut y substituer *cŭdo* comparé au sanskrit *kŭud*, *kŭod*.

[2] D'intéressants exemples d'assimilation en sanskrit sont: le *samdhi é (âi)* venant de a+e, et ó (âu) venant de ä+o. Le monosyllabisme de ces phonèmes prouve qu'il y a eu contraction des éléments formateurs, tandis que la différence quantitative entre *ĕ* et *e*, *ŏ* et *o* montre qu'il n'y a pas eu élision pure et simple de *a*. L'influence assi-milatrice et de règle du second élément sur le premier a été suivie d'une combinaison ou d'une contraction toutes naturelles, qui n'ont lieu du reste que devant une con-sonne. Devant une autre voyelle, *c* s'affaiblit en *i* et o en *u*, qui se transforment en semi-voyelles.

[3] La comparaison des formes de l'impératif actif (3e pers. du sing.) en sk. et en latin. : *etu*, *ito*, montre que l'état fort de la racine existait encore au moment de la séparation et que l'acheminement vers l'état faible a eu lieu en latin par voie d'assimi-lation (*eito*, d'où *ito*). Il y a toute probabilité pour que le grec ἴτω, qui nous montre l'état faible, ait suivi le même processus. Explication semblable pour la forme sans-krite *itas* auprès de *eti*. Pour la série *au u*, le latin *nutus*, *numen* etc., auprès de νεύω, suppose aussi une marche identique

Comment se rendre compte encore, autrement que par l'assimilation et la contrac-tion combinées, du rapport mutuel des thèmes sk. *rái*, *ri*, *re*, *ri* (lat. *rés*) ainsi que de l'origine de l'*î*, de *janî*, auprès de αι et η, dans γυνή, γύναι, γυναῖκ-(cf. sk. *inikā*, *janikā*)? On peut conclure, d'ailleurs, de ces rapprochements que tous les féminins sk. en *î* (gr. η, lat. *és*) remontent à des antécédents en *ae*, *ai* et n'ont rien de commun avec une finale proethnique *yā*; d'où la nécessité, ces prémisses admises, d'écarter l'explication qui a eu cours jusqu'ici pour les subst. féminins comme μοῖρα, etc., d'une part, et de l'autre, pour les adjectifs et participes comme μέλαινα, χαρίεσσα, λύουσα, λελυκυῖα, etc.

'*saiv*, *seutus* [1], et où la longue est inexplicable si l'on admet l'affaiblissement par voie d'expulsion du coefficient sonantique.

D'autre part, les redoublements gothiques en *ai* (comme *skai-
skaid*), auprès des redoublements sanskrits en *i* (comme dans
rireca), prouvent que l'affaiblissement vocalique s'y est produit
après la séparation des idiomes, ce qui ne laisse d'autre alternative
que d'admettre, ou bien que ce phénomène a eu lieu par assimilation, ou bien que le processus par expulsion du coefficient sonantique s'est continué en dehors de la langue mère. Or, cette dernière
hypothèse est contraire aux faits que nous venons d'examiner et,
en ce qui concerne le sk., par exemple, on ne voit pas comment
une pareille expulsion aurait pu se produire sur o et e déjà con-
tractés de $a + u$ et $a + i$.

D'ailleurs, si l'expulsion n'était plus possible, au moins dans
certains dialectes, durant la période ethnique, l'assimilation paraît
au contraire remonter sûrement à la période proethnique. Ainsi,
d'une part, la parenté évidente en sk. des rac. en *a* avec les racines
en *e*, *i* : *ksad*, *çad*, *cched*, *cchid*, etc.; d'autre part, l'existence en
latin de la diphthongue $ae = ai$, où l'élément *e* peut être considéré
comme primitif, sont des faits dont il est permis de conclure que
ai, *ei* ont pour antécédents *ae* (venant peut-être lui-même de *aa*.)

Même conclusion en ce qui regarde la série *au*, pour laquelle les
formes comme ῥώω auprès de ῥευ-, δω- dans δίδωμι, σπουδή auprès
de σπεύδω, *douco* auprès de l'hypothétique ·δευκω, le thème lat.
flou- flov-, auprès de *flu-*, dans *fluo*, tendent à prouver que la
diphthongue en question a pour antécédent *ao; oo*.

Le passage des longues *û*, *î* à *u*, *i* fait-il difficulté? Je ne le crois
pas. Le fait n'est, en somme, que le résultat de la contraction des
deux éléments contigus et identiques en un seul, car $\hat{u} = u + u$
et $\hat{i} = i + i$ [2]; il est si naturel et si fréquent, dans toutes les lan-

---

[1] Ou peut être, à des variantes * *spoutus*, * *soutus*. — Tous les dérivés en *î* des
racines sanskrites en *âi*, comme *mimîte* auprès de *mâi*, dans *mâyâ*, ne sauraient
également s'expliquer que par l'assimilation. On peut faire la même remarque à l'égard
des formes causatives comme *corayitâ*, *corayisyâmi*, *corita*, etc

[2] Du reste, au moins en ce qui concerne le sk., *i* et *u* brefs dérivent directement,
en general, de *e* et de *o*.

gues, qu'il est impossible d'en nier la possibilité et la réalité. Qu'il nous suffise d'en citer pour exemples, dans le sk., *sthiv* auprès de *sthîv* et les nombreuses formes en *î* alternant avec celles en *u* qui se rattachent aux racines ayant la syllabe *va* pour initiale [1].

Les seuls cas sûrs, où l'affaiblissement des racines ait lieu par expulsion pure et simple de *a* (ou *ê*), se bornent aux racines en *a*, comme *pat* [2], où l'extinction vocalique ne saurait se produire autrement. Du reste, même pour ces racines, les exemples sont rares, et je conteste plus énergiquement que jamais l'explication qu'on a donnée à ce point de vue des formes comme ἐσπόμην et ἔσχον [3].

Si l'on ajoute à toutes les raisons qui viennent d'être exposées l'impossibilité où l'on est, en partant de la théorie de l'expulsion, d'expliquer d'une manière satisfaisante les formes intermédiaires si nombreuses entre l'état le plus fort et l'état le plus faible des racines [4] on verra pourquoi je n'hésite pas à y substituer le système infiniment plus philosophique et conforme aux faits de *l'assimilation* ou de *l'évolution par affaiblissement coordonné*.

---

[1] Voir ci-dessus sur le vocalisme de ces racines, p. 12. — Remarquer à ce propos que si la rac. *var* s'affaiblissait par l'expulsion de l'*a*, il n'y a aucune raison pour qu'on n'ait pas **vru*, au lieu de *uru*, pour l'adjectif sk. signifiant large.

[2] Et les suffixes comme *an*, dans *râjan*, génitif *râjñas*, etc. Il est probable néanmoins que l'élimination s'est faite graduellement par des transitions dont le système graphique du sanskrit n'a pas gardé le souvenir; *râjñas*, par exemple, a dû être précédé de formes comme **râjénas*, **râjenas*, c'est-à-dire que l'*a*, avant de s'éteindre, a dû passer par l'*e* ouvert et l'*e* muet.

[3] Voir ma brochure intitulée : *Examen du mouvement vocalique dans les thèmes en i, u, ṛ*. La rac. zende *haksh* est une preuve importante à apporter à celles que j'ai déjà données en faveur de l'hypothèse d'un ancien thème **sesχo-*, réduit à ἔχο au présent, et à σχο- aux formes faibles.

[4] Par exemple, *yejitha, îjatus, îje*, etc., de la rac. *yâj*, souvent citée comme exemple de l'expulsion pure et simple de l'*a* aux formes faibles. De même, en grec, les parfaits comme κεκῦφα, etc.

Objectera-t-on qu'un grand nombre de ces intermédiaires trouvent leur explication dans la théorie de M. de Saussure sur *les liquides et nasales sonantes longues* (*Système primitif des voyelles*, p. 239 seqq.)? En ce cas, il serait facile de répondre que nous nous trouvons là en présence de la partie la plus risquée (avec l'explication des racines en *â*) de l'ensemble des conceptions du savant linguiste. Qu'il nous suffise, pour donner un échantillon de la fragilité des preuves qu'il apporte à la demonstration du fait qu'une forme comme *pûta* « sera egale à *pavitâ* moins *â*, » et que « l'*û* de *pûta* contient le *vi* de *pav*-, rien de moins, rien de plus, » de montrer qu'à *tous* les verbes servant d'exemples (p. 249) pour établir que, dans la

Je me fais un devoir d'ajouter que je n'en considère pas moins comme une œuvre puissante le livre de M. F. de Saussure sur le *Système primitif des voyelles dans les langues indo-européennes,* où la théorie que je combats est exposée avec un talent, un savoir et une conscience vraiment admirables [1]. Seulement, à mon avis, l'auteur s'est confiné d'une manière trop exclusive dans une besogne d'analyse et de dissection, on pourrait dire d'amphithéâtre, où il a perdu dans une certaine mesure le sens de la vie du langage: Ainsi s'explique la stérilité relative de travaux qui, venant d'un tel ouvrier, auraient dû donner les résultats les plus féconds.

série de l'r, les racines monosyllabiques n'ont pas de derivés faibles vocalisées en *ŭ* ou en *ĭ*, correspondent au contraire des formes, ou bien qui permettent de classer ces verbes parmi les racines bisyllabiques, ou bien qui présentent le vocalisme des formes faibles que le système tient pour irrégulier :

Dhar. — *dharišyati, dhŭr,* dans *dhŭrvah.*

Bhar. — *abhdrišam, bharišyati, bhŭri, bhrŭna, bubhŭršati.*

Sar. — *sarišyati, sîra, sisîršati.*

Smar. — *smarišyati, smaritvâ, susmŭršate.*

Har. — *harišyati, haritum, jihîršati, jihîršá.*

Ajoutons cette remarque que les rac., *tvar* auprès de *tar, jvar* auprès de *ghar, gur* auprès de *gar, sru* auprès de *sar,* etc. interdisent absolument de voir dans les dérivés vocalisés en *ŭ* de ces dernières le résultat d'une prétendue modification de *r*. Puis, à un autre point de vue, comment admettre que *vi* ou *ui* puisse donner *ŭ ?* — Au moment de mettre sous presse, je vois que M. Klöge, dans un travail intitulé : *Gegen nasalis sonans* (*Beiträge* de Paul et Braun, VIII, 108), a déjà combattu par des raisons analogues aux miennes la théorie des néo-grammairiens sur le mode d'affaiblissement des racines en *au-u, ai-i.*

[1] Remarquons toutefois, d'une manière générale, que la rigueur des travaux de l'école à laquelle appartient M. de Saussure n'est qu'apparente. L'appareil algébrique qui en rend parfois l'intelligence si pénible, ne saurait produire une illusion de longue durée, car les exceptions qui apparaissent à chaque pas et l'insuffisance des explications qu'on leur applique, la dissipent rapidement.

NOTES DIVERSES

La coïncidence de l'*e* en grec et en latin dont on s'est hâté de
tirer des conclusions contre le caractère primitif de l'*a* sk. correspondant est due, dans la plupart des cas, à l'assimilation (suivie
de contraction et d'affaiblissement) des éléments composant la
diphthongue *ae* (lat.), *âi* (sk.), αι (gr.); fréquemment, conservée
dans toute la famille, et qui se réduit à *â* ou *a* d'après un autre
processus (l'élimination de *i*, surtout devant une consonne faible).

'A cet égard, la comparaison des formes suivantes entre elles est
extrêmement curieuse et probante :

Avec la diphthongue : lat, *baeters*, gr. βαίνω, sk. *jigâya* ; [1].

Avec assimilation des éléments de la diphthongue : lat. *véni*,
gr. βῆμα, βήσομαι, etc. ; sk. *gešam*, etc.

Avec affaiblissement de la longue issue de la diphthongue : lat.
venio.

Avec élimination de *i* (ou *e*) : lat. *vâdo* ; gr. βατός ; sk. *gacchati*,
jigâti, etc.

En partant de l'hypothèse très vraisemblable d'un état fort primitif commun à tous les éléments morphologiques d'un même mot[1],
on remarque que l'accent se trouvait placé, du moins à l'origine, sur
celle de ces parties qui a conservé un état fort relativement à l'état

---

[1] Curt., *op. cit*, p. 472. — Pour les formes germaniques, voir Kluge, *Etym.*
Wörterbuch, au mot *gehen*.

plus faible des autres. Il en résulte qu'on peut considérer l'accent
comme la principale cause du maintien de cet état. Il n'est dont pas
le facteur, mais le conservateur et le régulateur du vocalisme fort.

Le point le plus visiblement vulnérable du système des nasales
sonnantes est l'explication que ses auteurs sont obligés de donner
des verbes comme μανθάνω, et *frango*, pour éviter d'admettre que
le passage de la forme forte à la forme faible peut se faire par la
chute pure et simple de la nasale.

Supposer que le ν de μανθάνω résulte d'une épenthèse [1] et que
frango est pour *fragno* [2] sont des hypothèses tellement étranges
et si visiblement inspirées par les nécessités du système qu'elles
suffisent presque pour l'infirmer.

Du reste, si la question de l'origine de la nasale peut sembler
douteuse en ce qui concerne μανθάνω et *frango*, elle ne saurait
l'être pour σχίζω, auprès de *scindo* et de *cchinadmi*. Ou bien, le
grec et le sanskrit présentent une coïncidence vraiment miraculeuse
eu égard à la présence de la nasale, ou bien, cette nasale y est
proethnique, et par conséquent σχίζω est pour *σχινζω*, formé qui
s'est nécessairement affaiblie par la chute du ν.

La déclinaison des thèmes neutres en as, comme sk. *janas*,
gr. γένος, lat. *genus*, donne également matière à des observations
qui sont funestes au système: Le nom. -acc. plur. *manâmsi*;
différentes formes de la même déclinaison nasalisées en zend; la
comparaison de la désinence ιον en grec, dans κίκιον, avec *yas*, dans
gariyas, etc., établissent en toute certitude que *manas* est pour
manams, μενος pour *μενονς*, etc. Cette dernière forme est donc
doublement en contradiction avec le système, puisqu'elle s'est
affaiblie par la chute de la nasale, au lieu de présenter l'α (*μενας*)
substitut régulier en pareil cas, nous dit-on, de la nasale [3]:

---

[1] De Saussure. *Système primitif*, p. 151, seqq. ; G. Meyer, *Gr. Gramm.*, § 301
[2] De Saussure, *op. cit.*
[3] Il en est de même des formes sanskrites comme *vâribhis, madhubhis*, auprès
de *vârinas, madhunas*, etc.

Quand, dans une forme comme le sk. *pitros* (Withney, *Ind. Gramm.*, § 371), le *r* devant une voyelle forme une syllabe particulière, on a évidemment là un phonème intermédiaire entre *ar* et *r*, analogue à *ere* en zend.

L'influence conservatrice de *r* sur la voyelle qui l'accompagne dans ἔδραμον, ἔτραπον, χαρτός, etc., a son pendant en lat. dans *cineris* auprès de *cinis*, pour *cines, nemoris,* auprès de *nemus* pour *nemos, lueris,* auprès de *luitur,* etc., où il ne saurait pourtant être question de liquide sonnante.

Tous les verbes faibles des dialectes germaniques semblent admettre la même explication que celle des verbes latins en *eo* et *io* (voir ci-dessus pp. 28-29); mais c'est une question très vaste et sur laquelle nous reviendrons plus tard. Nous nous bornerons pour l'instant à constater que le suffixe *aya* des causatifs sanskrits, avec lesquels on a l'habitude de les comparer, paraît bien ne contenir que des éléments vocaliques *(aia)*, et par conséquent qu'il n'y a pas lieu d'y voir un *y* ou *j* palatal ou semi-vocalique dès l'origine.

Il importe d'ajouter, tant aux exemples du parallélisme en sanskrit des suffixes *ams, as, an* (ci-dessus p. 33), qu'aux preuves de l'exactitude de la restitution d'un primitif **ûdhanst,* antécédent de *ûdhan, ûdhas, ûdhar* et οὖθαρ (ci-dessus p. 42, seqq.), les *sam-dhis* védiques [1] :

> *mahánt san;*
> *maháms tatah*
> *mahám asi,* pour **maháms asi*

Il faut, ou bien refuser toute valeur historique à ces phénomènes,

---

[1] Withney, *Ind. Gramm.* §§ 207-20).

ce que leur concordance paraît interdire, ou bien admettre un thème primitif *mahánst* qui en explique admirablement les rapports. Du reste, la coïncidence parfaite des données qui résultent, pour la restitution des thèmes en question, du *saṃdhi* sk., d'une part, et, de l'autre, des différentes formes de la déclinaison grecque des mots en αρ, ασ (gén, ατος) constitue, si je ne me trompe, une des preuves les plus solides qu'il y ait en grammaire comparative.

FIN

LYON. — IMPRIMERIE PITRAT AINÉ, RUE GENTIL, 4.